幼儿园“活教育”课程丛书　　总主编◎周念丽

河南省高校人文社会科学研究项目资助:
以甲骨文为载体促进幼儿文化自信的实践研究（批准号 2020-ZZJH-021）

好玩的甲骨文

主　编◎张红霞
副主编◎岳素萍

復旦大學出版社

本书编委会

总主编的话

让陈鹤琴先生倡导的"活教育"活起来！这是一直萦绕在我心中的梦想！让这一梦想成为现实的路径之一，便是将这套"幼儿园'活教育'课程丛书"付梓面世！

编撰这套丛书，是因为时代让我们吹响了践行"活教育"的集结号。

时代要求我们树立文化自信，因为这是一个国家的软实力，是一个国家的民族精神之体现。然环顾当今我国的学前教育，对西方教育理论没有经过细嚼慢咽就奉为圭臬；对外来的学前教育课程，不进行深入钻研学习就生吞活剥的情况并非少数。见此状况，心甚忧之。如何撷取西方的教育理念和课程之精髓为我所有，继而形成中国学前教育的文化特色，这乃时代给予我们的命题。为完成这一命题，我们当追寻具有中国文化特色的学前教育经典理论作为课程基石。

一、"活教育课程"的理论基础和体系

将"活教育"理论作为这套丛书的理论基础，乃是因为陈鹤琴先生给该理论赋予了学前教育之灵魂。

陈鹤琴先生是一个关注中国教育应该怎样适合中国现代社会、适合中国文化的学者(陈鹤琴长子陈一鸣语)。回溯历史，陈鹤琴先生虽然是从杜威的自然主义中汲取灵感，尽管沿袭了从夸美纽斯、卢梭、福禄贝尔一直到杜威的"儿童中心"论，但陈鹤琴先生所倡导的"活教育"，实乃取其精华、洋为中用之典范。

陈鹤琴先生以开放接纳的态度接受西方教育思想，强调进行中国化的实验与再创造，探索适合中国国情的幼儿教育理论与方法，与陶行知先生等人一起构建了"活教育"完整的理论体系，引导着近百年中国学前教育的发展。

“活教育”理论体系中包含了教育目的论、课程论和方法论。“活教育”的目的是“做人、做中国人、做现代中国人”；“活教育”的课程论是“大自然、大社会都是活教材”；“活教育”的方法论是“做中教，做中学，做中求进步”。其中“教人做人”是“活教育”的核心内涵。

陈鹤琴先生从中国的实际出发，将学前教育的根本目的定义为“做人、做中国人、做现代中国人”！在此，“做人”是立足于中国传统文化之根基，要把儿童培养成一个具平等仁爱之心的大写之人；“做中国人”，乃赋予中华民族之精神，成为一个顶天立地的龙之传人；“做现代中国人”更是明确了作为一个现代中国人，当“具有健康之体魄、具创新之精神、有合作之态度，能为他人服务、有世界眼光”之基本条件。陈鹤琴先生的“活教育”理论历久弥新，为我们明确了实施中国学前教育根本目的之所在！

二、“活教育课程”的构建

本套丛书冠以“幼儿园‘活教育’课程”之名乃是指本丛书目前涵盖的书均是基于陈鹤琴先生的“活教育”理论，进行实践探索的方案活动。

“课程”(curriculum)一词源于拉丁语“跑步”之意，“currere”含“计划”的意思。据此，狭义的“课程”通常指根据一定的教育内容和学习支持的计划，时间安排，有一定的教育目的、教育内容关联的教学活动；广义的“课程”则指学习者的体验和教师的支持。本丛书是在广义的语境基础之上将幼儿园课程定义为“凡与幼儿有关联的一切人、事物，园内的一日活动、家庭中的亲子活动均为课程”。唯有此，才能与陈鹤琴先生的“大自然、大社会都是活教材”的课程论的范围相匹配。

“活教育”强调学前教育就是要扎根中国社会，关注生活，浸润优秀文化。本丛书据此将对传统文化的哲学思考“致善之路”和对传统文化进行传播的最早文字载体“甲骨文”都作为幼儿园课程的重要内容。

构建课程时，我们根据陈鹤琴先生在其“活教育”体系中阐述的办好幼稚园的“15条主张”，特别注重以国情和地方特色为出发点，培养幼儿爱祖国爱家乡之情；我们将幼儿教育看成是幼儿园和家庭的共同责任，本系列丛书的每本书体例设计均为2/3的内容在幼儿园(或托育中心)内实施，1/3的内容由家长在家庭中通过亲子互动来实施。我们注重培养幼儿独立自主、有良好的生活和社会交往的好习惯；注重以游戏方式来进行各项活动，在实施活动过程中遵循了陈鹤琴先生曾倡导的“五指活动”理论，以教育部2012年颁发的《3—6岁儿童学习与发展指南》为依据，将五大领域有机地渗透到课程之中。

三、“活教育课程”的框架与内容

根据陈鹤琴先生的“活教育”理论中以“大自然、大社会为活教材”的课程论思想，本系列丛书可分为“以大自然为主，兼顾社会领域”和“以大社会为主，兼顾自然领域”两大部分。

“以大自然为主，兼顾社会领域”包含了《“活教育”中的食育》《“活教育”中的托育》以及《“活教育”中的“三生”教育》三本书。

《“活教育”中的食育》一书作为践行陈鹤琴先生“活教育”思想的书，将以大自然为特色的食育与生命教育和感恩教育有机地结合，并通过幼儿园的一日活动和健康、社会、语言、科学及艺术领域的渗透，促进幼儿的生命健康。具体活动从认知、情感和行动三个层面，一日的四个活动和五大领域来进行。全书分为三章，分别为“渗透五大领域的食育”“24节气中的食育”和“舌尖上的中国之食育”。

《“活教育”中的托育》将陈鹤琴先生的“活教育”作为本书的理论基础，为在托幼机构接受全日制的19—24个月以及25—36个月儿童量身定做适应大自然、大社会的两大系列活动。在大自然系列中，关注儿童的亲近自然能力。在大社会系列中则更多地关注19—36个月儿童独立自主能力的培养。

《“活教育”中的“三生”教育》根据陈鹤琴先生的“活教育”理论思想，将大自然和大社会作为活教材，在真实和自然的环境里，培养幼儿热爱生命、学会生存、优质生活的能力，将幼儿的生命教育、生存教育和生活教育完全融为一体，为他们的人生发展奠定坚实基础。

“以大社会为主，兼顾自然领域”目前则包含了两大系列的四本书。

第一系列：了解中华核心价值和文化载体。

“善”乃中华民族所推崇的核心价值。“仁者爱人”“幼吾幼以及人之幼”以及“上善若水”等无不成为中华民族为人处世之道。《“活教育”中的致善教育》一书从“善”之文化价值出发，致力于为幼儿一生播下幸福的种子，让孩子在积极情绪体验中感知、发现自己，悦纳自己，形成积极的他人关系，尊重他人，敬畏自然，启迪智慧，让爱滋润孩子幼小的心灵，为孩子的幸福人生奠基。

甲骨文是起源于3000多年前的中国文字，源远流长，每一个汉字都是一幅画，每一个文字都是一个故事，每一个文字都是中国文化的渗透。《好玩的甲骨文》以让幼儿亲近、初识甲骨文入手，通过各种生动有趣的活动，激发幼儿对文字的兴趣，通过游戏活动，初步了解文字背后的文化内涵。

第二系列：熟悉所处地区和民族的人文价值。

《“活教育”中的山西文化之旅》以“大自然、大社会”为活教材，在客观分析山西地理位置和社会文化资源的基础上，选择山西文化中有传承价值的元素，结合不同年龄班幼儿学习与发展特点，进行了社会文化活动的实践研究。

《“活教育”中的民族文化教育》以歌唱、韵律、绘画、手工以及球类五大游戏为抓手，通过投射、跑跳钻爬等竞技类游戏、以浸润式食俗等民俗节日为契机，呈现了白族、彝族、傣族的特点，让幼儿通过游戏更好地了解这三个民族的文化之内涵。

本套丛书的一个特点是活动目标设置不严格区分幼儿的年龄。理由之一是考虑到如果只以小、中、大班来区分的话，实际上一个班的大小月龄幼儿年龄相差可达11个月之久，过于严格区分年龄，反而会给不同月龄的儿童造成难度。理由之二乃是许多活动具有内在关联性和延续性，无法截然将年龄分开。

我们期待：本套丛书能成为将陈鹤琴先生的“活教育”立足国情放眼世界之情怀与实践现代学前教育连接起来之桥梁。我们更期待：本系列丛书能在为学前教育同仁们着力培养具有健康身心、充满好奇、勇于探索、富有服务精神、充满创造力等综合品质的“现代中国娃”之过程中起到抛砖引玉之效。

最后，特别感恩陈鹤琴先生的后人柯小卫老师和陈庆老师的真情支持，使我们对陈鹤琴先生的“活教育”理论有了深入的学习和领会。

非常感激复旦大学出版社副总编辑、学前教育分社社长张永彬教授的鼎力支持以及编辑赵连光老师的细致工作，使本套丛书得以付梓面世。

衷心感谢本套丛书的每个主编和参与编写的同仁好友的全情投入，使“活教育”理论得以在中国学前教育领域付诸实践时有系统课程可资参考。

我们期待，全国学前教育界同仁，特别是广大的一线工作者能给予我们鞭笞与指教！因为我们深深知道，这套丛书是摸打滚爬之探索阶段之产物，疏漏不足之处在所难免！

周念丽　　于诺亚小居

植根于中华文化沃土

——『幼儿园「活教育」课程丛书』序

“热爱了解和研究儿童、教育他们使之胜过前人”是陈鹤琴先生的名言，这句话指明了我们幼儿教育工作者走近儿童、研究儿童的根本目的。**“幼儿园‘活教育’课程丛书”**就是在了解儿童和研究儿童的基础上形成的一套用于幼儿园实践的成果，其根本目的就是把幼儿培养成现代中国娃！

陈鹤琴先生(1892—1982)写过一段意味深长的文字：“幼稚儿童就是国家的幼苗，应当特别爱护，给他们适宜的教育，这也就是延续国家的命脉，培育民族新生命的唯一办法”。“我所要讲的‘爱国家’，是要爱我们国家五千年的光荣历史，爱我们国家的前途，爱我们国家的人民，从而担负起我们的历史任务，使我们的国家进步繁荣，日新月异，这种‘爱国家’是与爱国家的人民结合在一起的，是与真理紧握手的。”①

如何将“国家”“民族”意识输送到尚处于“萌芽”状态幼儿的心灵，同时又须尊重幼儿成长规律，避免人为“催熟”“失真”或“少年老成”“小成人”，对于教育家，尤其是幼儿教育家来说，不仅需要正确的科学观念（**包括儿童观、教育观**），还要具备艺术家般的智慧、方法、能力，可谓“润物细无声”与“潜移默化”。在陈鹤琴看来，由于幼儿所处不可能真空，而是由“人”与“物”组成的“社会”，因此“儿童期”（**亦称“幼稚期”**）有两方面意义，一是适应环境，发展能力；二是接收、传递、促进文化，其形式只能通过幼儿的活动以及“生活形态”得以实现。

美国进步主义教育家约翰·杜威写道：

我相信——

一切教育都是通过个人参与人类的社会意识而进行的。这

① 引自《活教育的目的论》，载《陈鹤琴全集》第五卷，江苏教育出版社，2008年8月，第63页。

个过程几乎是在出生时就在无意识中开始了。它不断地发展个人的能力，熏染他的意识，形成他的习惯，锻炼他的思想，并激发他的感情和情绪。由于这种不知不觉的教育，个人便渐渐分享人类曾经积累下来的智慧和道德财富，他就成为一个固有文化资本的继承者。世界上最具形式的、最专门的教育确实是不能离开这个普遍的过程。教育只能按照某种特定的方向，把这个过程组织起来或者区分出来。①

日本教育家仓桥惣三(1882—1955)写道：

毫无疑义，没有教育目标的话，任何一种教育都是不可能存在的。然而，如果仅仅只考虑教育目标，也是不能进行教育的。如果使教育目标的特质相适应——唯有在此点上下功夫并以此为起点，才会产生出教育的实践。在这一过程中，是目标至上，将之强加于教育对象，还是以教育对象为本，让目标去适应教育对象？也就是说，是按目标的要求把对象套起来呢，还是向教育对象逐步地展现教育目标，这两种不同的态度产生了截然不同的教育。②

中国教育家陈鹤琴(1892—1982)将“做人，做中国人，做现代中国人”与“社会性认知”作为“活教育”学说的重要内容。具体为以下两段论述：

不错，中国的教育应当和外国的教育有所畛畦，它自有它的特性。这“做人，做中国人，做现代中国人”就是中国教育的唯一特点，不苟同于其他各国的教育目的。③

大社会也是儿童的世界，家庭怎样组织的，乡镇怎样自治的，社会上的风俗习惯怎样形成的，国家怎样富强的，世界怎样进化的，这一切的社会实际问题，都是儿童的活教材。④

多年以前，我曾经向教育专家请教过一个问题：“中国化”与“科学化”之间到底是怎样的关系？当时提出这一问题的用意，其实是针对社会上许多人倡导“儿童读经”与“私塾”“女学”等与“解放儿童”原则相悖的教育现象，有一位知名教育专家的回答使我感到豁然开朗，先有“科学化”再是“中国化”。我的理解是“科学化”是“中国化”的目标，“中国化”是“科学化”的基础与路径，二者相互依存，密切联系。然而在中国“新教育”进程中，“科学化”与“中国化”各自的内涵与作用，简括起来，“科学化”主要是指儿童在教育中的“主体地位”与“成长规律”，即“心理学”；而“中国化”更多是指教育目标与教育资源。与这一问题密切相关的另一个问题，即由成人预设的“教育目标”与“以儿童为中心”或“儿童自主”二者之间又是怎样的关系呢？如何才能做到陈鹤琴先生所

① 引自《我的教育信条》，载《杜威教育名篇》，赵祥麟、王承绪编译，教育科学出版社，2006年7月，第1页。
② 引自《幼儿园真谛》，李季湄译，华东师范大学出版社，2014年5月，第2页。
③ 引自《活教育要怎样实施的》，载《陈鹤琴全集》第四卷，江苏教育出版社，2008年8月，第274页。
④ 引自《活教育的教学原则》，载《陈鹤琴全集》第五卷，江苏教育出版社，2008年8月，第70页。

提出的“以儿童为中心的教育”境界，即“注重儿童而兼顾社会”[①]，进而将“儿童需要”与“社会需要”二者予以协调、平衡，从而达到“儿童发展”与“社会进步”同步的目标?

近年来，我们欣然地看到在中国学前教育领域，涌现出一批钟情于陈鹤琴“活教育”学说的研究与实践的学前教育工作者。本丛书的作者们就是这批工作者中的一员，她们愿意将教育理论与教学实际紧密联系，开发各类“生活化”课程与特色教学活动，将“活教育”精神与教学原则贯穿于丰富多彩的教学活动之中，植根于中华文化沃土，逐渐形成具有鲜明“中国化”“本土化”特征的幼儿园教学风格。这套丛书充分体现了对于陈鹤琴“活教育”学说的认同、理解，连同对于幼儿园课程、活动特点与“社会性”目标相互衔接、融合的教育家视角、观念。其内容涵盖人格、情感、社会性认知、智力开发、保健等幼儿教育亟待引起重视的方面；同时以“接地气”方式，使教育经典理论转化为有效的教学行动，将各项教育目标融入幼儿园课程与教学活动之中，展现出幼儿教育“中国化”理论与实践特有的光彩。

站在陈鹤琴教育思想研究与传承角度，记得已故陈鹤琴长子陈一鸣(1920—2014年)向我们表达，陈鹤琴先生一生都致力于“中国化”幼教理论研究与教学实践，他与陶行知先生共同推动“生活教育”的发展。他的最大愿望，就是将幼儿教育学说在更大范围普及，尤其在偏远地区乡村幼儿园推行。可以说，这套丛书的出版，使陈鹤琴“活教育”学说及教育思想、理论真正回到儿童、教师与家长中间，进而成为提高幼儿园教学素质的指南与教师进步的动力，从而实现陈鹤琴先生对“活教育”学说的期待，即“心理学具体化，教学法大众化”；同时，也是对中国老一辈教育家倡导“科学化”“中国化”“大众化”幼教发展理想与“做中学、做中教、做中求进步”研究作风的解读与实践。

2009年3月陈一鸣、陈秀云、陈一飞三位老人以陈鹤琴子女名义对《国家中长期教育改革和发展规划纲要》提出建议，其中有一段文字发人深省：

> 事实证明，将学校各科教学活动更密切地与在教师指导下的、学生有计划的社会实践、科学实践、家教实践等调查研究和亲自体验结合起来，必将有助于学生人文精神和科学精神的建立和发扬；同时可以克服空洞说教、言行不一、知行矛盾的教学弊端。……[②]

时至今日，虽然三位老人都已离世，但是他们的嘱咐犹然在耳，我们作为陈鹤琴后代深深知道，陈鹤琴教育思想与“活教育”学说作为“中国化”现代教育理论与实践的成果与标志，其“生命力”属于中国幼教事业和广大一线幼儿园园长、教师、家长！

---

① 参见《旧式教育与新式教育的分别》，载《陈鹤琴全集》第四卷，江苏教育出版社，2008年8月，第42页。
② 引自《对〈国家中长期教育改革和发展规划纲要〉的建议》，载《陈秀云教育文集》，金城出版社，2012年6月，第181页。

祝贺本套丛书出版问世！

柯小卫（陈鹤琴外孙）

北京市陈鹤琴教育思想研究会副理事长、中国陶行知研究会常务理事、中国作家协会会员

陈庆（陈鹤琴孙女）

上海市陈鹤琴教育思想研究会副秘书长

前言

文化是民族的血脉，是人民的精神家园。习近平同志在党的十九大报告中指出，深入挖掘中华优秀传统文化蕴含的思想观念、人文精神、道德规范，结合时代要求继承创新，让中华文化展现出永久魅力和时代风采，并且倡导“培育和践行社会主义核心价值观”要“从家庭做起，从娃娃抓起”。

甲骨文是现存的中国最古老的文字，距今约有 3 600 多年的历史，成功入选《世界记忆名录》。

甲骨文属于象形文字，直观、生动、有趣，素有“一个字一幅画”的美称，如“日”就是一个圆圆的太阳“”，“月”就是天生半轮“”，还有“”等，这种亦书亦画的特点与幼儿的具体形象思维的特点相吻合，更容易激发幼儿对“汉字”的兴趣。有人认为，远古时代的人类，如同人类的“婴儿期”，其所思所想与婴幼儿有相通之处，幼儿和古人之间通过甲骨文可以有更好的沟通。而且每一个文字背后都蕴含了中华民族的文化内涵，渗透了我国古代劳动人民朴素的文化思想和传统美德，从甲骨文入手，可以培养幼儿对中华传统文化的热爱、对优秀传统美德的尊重。了解中华文明，感受中华文明的博大精深，应从娃娃抓起，在其懵懂未开之时，渗透对中华文化的崇敬之情，甲骨文则是一个很好的载体。

华东师范大学学前教育家周念丽教授提出挖掘研发甲骨文课程，她说：“老祖先留下的珍宝，我们有责任使它发扬光大。”在她的使命感、责任感感召下，我们成立了以学前儿童为对象的幼儿甲骨文课程研发小组，申报了河南省教育厅人文社会科学研究项目（批准号 2020 - ZZJH - 021），以安阳幼儿师范高等专科学校继续教育中心张红霞、岳素萍老师为主体推进课程的建设与落实，以兼善于学前教育和中华文化的周念丽教授为课程顾问和指导，以安阳市北关区区直幼儿园、安阳市纱厂幼儿园为实践基地，聘请了中国文字博物馆培训部主任杨军辉老师、中国殷墟博物院刘潇老师、吴丹老师、文字专家曹景洲先生为甲骨文文字指导，构建了强大的课题研发团队力量。

我们在课程研发的过程中，以陈鹤琴的"活教育思想"为课程指导思想体系，课程目标定位为：弘扬传统文化，使甲骨文走向幼儿；渗透中华传统文化价值观、培养民族文化内涵；激发幼儿对中国文字的喜爱，为走向正式的文字学习奠定基础；通过甲骨文课程，在社会、健康、语言、科学、艺术等领域全方位得到发展；弘扬"活教育思想"，构建中国化的幼儿教育课程体系；构建传统文化与学前教育相融合的科学的幼儿课程体系。

在课程研发的过程中，我们坚持古今兼顾、科学性、活动性、直观性、趣味性、渗透性、全面性等原则，从甲骨文本身和幼儿教育特点两个方面保证课程的科学性。我们一再强调我们的课程是科学的，不是盲目的，是适合幼儿的身心特点的，是对幼儿终身发展有益的，为此我们一次次研讨、一次次学习，一次次把建设好的纲要推翻重建，一次次向相关的专家请教。经过多次研讨、反复实践，我们终于看到了成果，课题组已经完善了100多个教学活动，50多个游戏，格于本书字数限制，特从各个主题中精选了50个教学活动，编辑成册，以供各位幼教相关人士参考，希望能起到抛砖引玉的作用，如果大家能够一起把此项事业继续发扬光大的话，功莫大焉。

本课程在研发过程中得到了社会各界人士的支持，首先要感谢的是周念丽教授，是在她的拳拳报国之心的感召下，我们才有信心去坚持做完这么一项浩大的工程；感谢安阳市北关区区直幼儿园高静园长、李庆云副园长，安阳市纱厂幼儿园吴琦园长、李艳青副园长，在她们的带领下，两家幼儿园积极参与本课程的研发和实验工作，为我们的课程研发提供了坚实的实践基地，有这样的合作伙伴，深以为荣；感谢中国文字博物馆的杨军辉老师和中国殷墟博物院的刘潇老师以及曹景洲老先生等文字专家的无私支持，他们给课题组成员讲解每一个甲骨文字的来源、考证、含义，以确保每一个进入课程的文字都是准确的，这为我们的课程的科学性提供了信心和保障；终于完成了这么浩大的一项工程，我们也倍感欣慰。时隔一年，我们在原来的基础上，对课程的结构进一步进行了规划和提升，对活动设计进行了提炼，希望能为中华文化的推广添砖加瓦。

岳素萍
2021.6

目录

第一编　理论篇

着眼于培养民族文化自信的幼儿园甲骨文课程构建

一、构建幼儿园甲骨文课程的意义

（一）为民族文化自信而奠基

文化自信，是对自己本民族文化的充分自信和尊重，是在尊重自我母文化的基础上，以开放的心态，容纳和吸收现代文化与外来文化。在幼儿期进行母文化——中华文化的自信自尊的培养，有助于形成未来更开阔有容的文化气度。

中共中央指示，实施中华优秀传统文化发展工程，要贯穿国民教育始终。围绕立德树人的根本任务，遵循学生认知规律和教育教学规律，按照一体化、分学段、有序推进的原则，把中华优秀传统文化贯穿于启蒙教育、基础教育、职业教育、高等教育、继续教育各领域。以幼儿、小学、中学教材为重点，构建中华文化课程和教材体系。

尤其是幼儿阶段，心灵如同一张白纸，教子婴孩，教妇初来，人生的启蒙教育，就如同照进心灵的第一束阳光，在现今全球多元文化碰撞的背景下，如何培养幼儿对本民族文化的认同感，并在此基础上以包容、开放的心态接纳其他民族的文化，从而形成幼儿的文化自信和文化自尊，是本课程开发研究的着眼点。所以在幼儿教育领域推动传统文化的渗透，培养幼儿的文化自信，已经是箭在弦上不得不发的必然趋势。

（二）在幼儿教育中渗透甲骨文的特殊价值

1. 甲骨文代表着中华文明的起源

甲骨文是汉字的早期形式，是中国现存的最古老的成熟文字，距今约 3 600 多年的历史，2017 年 11 月 24 日，甲骨文顺利通过联合国教科文组织世界记忆工程国际咨询委员会的评审，成功入选《世界记忆名录》。了解甲骨文、走进中国传统文化，可以感受中华文明的源远流长。

2. 甲骨文可以培养幼儿对汉字的学习兴趣

甲骨文属于象形文字，素有一个字一幅画的美称，象形直观，生动有趣，几个字有机地组合到一起，就是一幅栩栩如生的画卷，非常容易引起孩子们的兴趣，可以让幼儿在拼拼摆摆、写写画画、捏捏玩玩中轻松了解汉字的起源，对中华汉字产生非常大的兴趣。

3. 甲骨文代表的思维方式更容易与幼儿心灵相通

甲骨文的象形文字，直观生动有趣，与幼儿的认知有心灵相通之处。有人认为，远古时代的人类，如同人类的“婴儿期”，其所思所想与婴幼儿有相通之处，所以，幼儿和古人之间通过甲骨文可以有更好的沟通和理解，更容易激发幼儿对“汉字”的兴趣。

4. 甲骨文承载着中华文化内涵

每一个甲骨文字背后都蕴含了中华民族的文化内涵，渗透了我国古代劳动人民朴素的文化思想和传统美德，如“”（人）字就是一个躬身行礼的人，说明中华民族历来就是礼仪之邦，做人要谦虚，要懂礼貌；“”（从）就是两个人一起；而“”（北）就是两个人相背而行；“”（老）就是人佝偻了脊背，腿脚不方便，头发花白，用上了拐杖；孝（）字字形从老，即“耂”，表示长者老人；“子”在老之下，表示顺从侍奉老者长辈当为孝的本义；而父亲的“”，意味着一个人手里拿着一柄石斧，其最初意义便是“斧”，持有石斧是力量与勇敢的象征，所以“父”字意思引申为持斧之人，就是一个手拿权杖的人，也就是值得敬重的人，家长率教者；等等。每一个甲骨文文字的背后，都蕴藏着中华文化的美好意蕴，从甲骨文入手，可以培养幼儿对中华传统文化的热爱、对优秀传统美德的尊重。

二、构建科学的幼儿园甲骨文课程体系

（一）强调课程的科学性

幼儿教育有其特殊的教育规律和特点，在《关于实施中华优秀传统文化发展工程的意见》中也指出，要遵循学生的认知规律和教育教学规律；吕武指出，幼儿园传统文化教育须以适宜儿童为前提。幼儿园的教育对象是3～6岁的幼儿，游戏应是其主要活动。由于幼儿的身心发展特点的特殊性，所以在幼儿园中进行传统文化教育时在内容、形式、过程等方面应该有适合幼儿的特殊方法。如果不顾幼儿的身心特点，盲目进行传统文化教育，就可能会适得其反，我们反对死记硬背、为学习而学习、超出幼儿身心发展水平的、增加幼儿压力的学习方法。

所以我们要构建的甲骨文文化课程必须是建立在幼儿心理学、幼儿教育学的基础上，符合幼儿身心发展特点、学习特点的幼儿课程，这是保证该课程的科学性的最基本的基石。

（二）课程指导思想体系

“好玩的甲骨文”课程指导思想体系，以陈鹤琴先生的“活教育”思想为课程指导思想体系。陈鹤琴是中国幼儿教育之父，创立了活教育理论，一生致力于中国化、平民化、科学化的幼儿教育道路。

活教育理论的目标观指出：幼儿教育首要的教育目标就是要培养幼儿学会做人，提出了“做人、做中国人、做现代中国人”的目标。

第一层含义是“做人”，就是幼儿首先要学习做人，包括最基本的做人的道理和规则，而这些做人的道理在“甲骨文”中就有很好的体现，如“学习”就是小鸟在学习飞翔，“孝”就是“子辈”对老人的关爱和照顾等，通过相关甲骨文字的学习，给幼儿渗透“做人”的基本规则。

第二层含义“做中国人”，我们要培养的下一代应该是热爱中华文化、具有民族文化自信的继承者，所以作为“中华文明之源”的甲骨文，要给孩子传递的是中华做人之道，是真正意义上的中国人。

第三层含义“做现代中国人”。时代在发展，我们的教育也要发展，思想文化也要发展，我们构建“幼儿甲骨文课程”，不是死板地拿着几千年前僵硬的道理来束缚今天的幼儿，也不

是要培养博古通今的老学究。我们要紧密结合现代民族精神和文化，对原有甲骨文进行审视和挑选，把符合现代精神的、最有意义的、最直观形象的文字选出来，既要忠于其本来的含义，不生造不牵强，还要吻合现代精神和文明，这是我们的课程构建的一个基本原则，这在我们特聘的文字专家、幼教专家的多重把关下，是有充分的保证的。

活教育理论的课程观：大自然、大社会都是活教材。

“好玩的甲骨文”课程正是建立在“大自然、大社会都是活教材”的理念上，甲骨文本身就是中华文化的瑰宝，也是历史发展的璀璨明珠，其中包括了和家人、老师、同学、他人的相处之道，这体现了大社会这一活教材的属性。同时，甲骨文课程从“日月水火星辰”的天文现象到“风霜雨雪”“山川河流”的自然现象，从“飞鸟走兽”到“花草五谷”的动植物世界，从“口目四肢”(我的身体)到“衣食住行”(生活必备)，正是体现了大自然万千世界的丰富和美丽，这正是“活教育”思想的“大自然就是活教材”的理念。而且在这些自然现象上都渗透着中华文化的内涵，是自然与社会的相互交融，浑然一体。

活教育理论的教学观指出：做中学、做中教、做中求进步。

我们在这一指导思想体系下，让孩子在玩中学、做中学，听故事、观形象，在做一做、画一画、拼一拼、摆一摆、动一动、玩一玩中自然渗透，是富有活力的“活教育”，而不是灌输式的“死教育”，这正是我们定位的一大特色——“好玩”。

陈鹤琴先生的“活教育”理论提出了“五指课程”和“整个教学法”，结合当前的“五大领域”和“主题整合课程”，我们把两者融合到了一起，课程的设置既照顾到了五大领域的均衡，也体现了以主题为单元的有机融合，体现了“活教育”理念的“五指课程”和“整个教学法”的基本思想。

(三) 课程目标

“好玩的甲骨文”课程研发的目标设定，一是弘扬传统文化，使甲骨文走向幼儿；二是渗透中华传统文化价值观、培养民族文化内涵；三是激发对中国文字的喜爱，为走向正式的文字学习奠定基础；四是通过甲骨文课程，在社会、健康、语言、科学、艺术等领域全方位得到发展；五是弘扬“活教育思想”，构建中国化的幼儿教育课程体系；六是构建传统文化与学前教育相融合的科学的幼课程体系。

三、幼儿园甲骨文课程内容的选取原则

(1) 选取的甲骨文字，要能体现“大自然、大社会都是活教材”的原则，取材与幼儿生活紧密联系的最基本的甲骨文字，内容偏僻的、距离幼儿生活较远的不选取。因为只有与幼儿的生活紧密联系的内容才是有活力的、有意义的，才能够为幼儿理解和接受。幼儿接触甲骨文，只是认知的基础、学习的开始，一切从其生活开始，不能为学习而学习，不以数量、难度和水平高低为标准。

(2) 选取的甲骨文字，要能够体现中华传统文化内涵，吻合现代精神文明，与现代文明价值观相悖的甲骨文字不选取。因为幼儿处于人生初学阶段，古人云“蒙学养正”，是人性的奠基阶段，一切教育都具有教育性，所以我们要保证给予幼儿的一切，都要为孩子的一生发展负责，启蒙之初要给孩子正确的价值观、人生观、世界观，那些古人特殊的价值体现，完全可以等他们长大之后，有了是非分辨的能力之后，自己再去研究、辨析，自我决定取舍。

(3) 选取的甲骨文字，要直观形象，富有童趣，能为幼儿喜爱和接受。3～6 岁的幼儿处

于具体形象思维阶段，更喜欢接触形象的东西，更容易理解接受形象的东西，形象的东西也更容易引起幼儿的联想和思维，也更容易为幼儿所记忆，直观形象的内容符合幼儿的认知特点。

（4）选取的甲骨文字，含义解释要确切，无疑义、无争议，排除含义模糊、通用度不广的字。因为语言的工具性和通用性，决定了大家的理解应该是一致的，幼儿如一张白纸，第一次接受的认知必须保证是准确无误的，不能误解、不能有歧义，所以我们在选字的时候，一定要选择文字专家有定论的公认的无疑义无歧义的甲骨文字，凡是意义不确定的、有疑义、有争议、无定论的文字，排除在我们的选字范围之外。老师的讲解要准确、忠于原意，不能随意解读、望文生义，这样做并不是不要培养幼儿的研究精神、创新精神，我们在幼儿期培养孩子的探究和创新精神，完全可以在科学领域、艺术领域、文学故事创编、表演等方面进行，而“文字”内容，是要准确的，不能胡乱创新，所以，无视认知内容特点的创新是不负责任的。

（5）选取的甲骨文字，要能够覆盖五大领域的发展目标。通过一组相关的甲骨文字，组成一个主题单元，以此为核心延伸覆盖到五大领域，也就是以甲骨文为载体，覆盖语言、社会、科学、艺术、健康五大领域的发展目标。所以在选甲骨文字的时候，尽可能把同类的相关字放一起，组成一个主题，如“耳目口鼻”等字组在一起，成为我的五官，可以感知相应的甲骨文字，可以认识“我的五官”（科学领域），可以延伸到认识“我自己”的自我意识的发展，也可以延伸到“保护我们的五官”（健康领域），可以听讲相关的故事、儿歌，也可以绘画、唱歌、跳舞、互动、做游戏等，体现整个教学法与五指课程的自然融合。根据以上选取原则，我们综合考虑，初步形成了本课程体系。

四、 幼儿园甲骨文课程的实施

课程的价值更重要的要体现在其实施的过程中，为了确保本课程的意义和正确导向，我们提出了以下相应的教育原则和具体实施方法及建议。

（一）幼儿园甲骨文课程的教育教学原则

1. 古今兼顾原则

强调对甲骨文字的含义解析要恰当，既要忠于其本来的含义，不生造不牵强，不随意而解，不望文生义，同时还要吻合现代精神和文明。我们尊重吸收传统文化，不等于不加辨析地全盘吸收、整个的囫囵吞枣给幼儿，因为幼儿处于人生初期阶段，是人性的奠基阶段，所以我们要保证启蒙之初给孩子正确的价值观、人生观、世界观，给予幼儿的一切，都要为孩子的一生发展负责。所以所有的甲骨文字的解释和学习都要兼顾其本来的含义和对今天的幼儿的发展及影响。

2. 科学性原则

科学性原则体现在三个方面：所授内容的正确性、难度的适宜性、符合幼儿心理特点。

其一，所授内容的正确性，包括甲骨文字的释义要正确，出处、典故、其中的道理、科学内容等都是正确的。

其二，在幼儿的教育教学中，难度要适宜。我们不是培养文字专家，也不是为认字而认字，我们的定位是让幼儿了解甲骨文，感知中华传统文化内涵，带动五大领域全面发展，所以其学习的难度要适合于幼儿的理解和接受水平。同时针对不同的年龄班，所受内容、讲解的深度、目标的要求、活动使用的方法都要有所不同，一切都建立在对幼儿的身心特点、现有水平的了解基础之上，提出儿童能够达到的目标水平，即针对不同幼儿的最近发展区设计不同的活动方案，体现出难度的适宜。

其三，在幼儿教育教学的过程中，所使用的方式方法，应该是符合幼儿身心发展的特点，符合幼儿的教育规律，这也是科学性原则的体现。

3. 活动性原则

皮亚杰认为儿童的心理发展是主体和客体相互作用的结果，是通过活动实现的。其中包括其内部活动与外部活动，通过儿童与自己、与他人、与周围环境的互动而促进其成长和发展。心理起源于动作，动作是心理发展的源泉。幼儿阶段的认知特点具有操作性、感知性，所以最好的认知方式就是通过各种各样丰富多彩的幼儿活动，来进行全方位的感知、操作、互动，从而获得相应的关于甲骨文字以及附带的相关内容的关键核心经验。

4. 直观性原则

由于幼儿处于具体形象思维阶段，在其短暂的人生经历中还缺乏丰富的经验积累，所以无法理解抽象的事物。而感知觉是一切认知的门户，幼儿课程的特点也应该以直接经验为主，因此，我们在幼儿的教育活动中应该遵循直观性原则。可以通过实物（文字博物馆的参观）、模拟（模拟甲骨文片）、视频（动画故事、文字的形象组合等）、音频、图画、直观教具、教师生动形象地描述等，通过幼儿的操作、观摩等直观手段，激发幼儿的兴趣，获得关于对应内容的直观感性经验。

5. 趣味性原则

由于幼儿的学习和认知基本上都是没有明确目的性的，以无意注意、无意记忆、无意想象为主，这就决定了幼儿的学习是从直接兴趣出发，所以甲骨文字的学习方式也要充满童趣，有趣、好玩。首先选字要选有趣的字，然后教学的实施也要有趣，比如通过做游戏、讲故事等，再然后幼儿的操作也要有趣，包括亲子活动、健康活动等，一切活动都要尽可能有趣，体现“好玩”二字，这才是本课程的基本特点。

6. 渗透性原则

蒙台梭利说：“幼儿的眼睛是摄像机，耳朵是留声机。”吸收性的心智决定了儿童每一天的每个毛孔都在吸收着新鲜的东西，幼儿的无目的性学习为主的认知特点，也决定了对幼儿的学习，最好的办法就是随风潜入夜、润物细无声的潜移默化和无声的渗透，所以甲骨文字课程的实施过程也最好是通过环境创设、多种活动、游戏、幼儿园一日生活、家庭等随处随时的不知不觉地渗透的方式，让幼儿根本没有意识到我在学习甲骨文、我在学习传统文化，而这种情愫却已经在内心深处潜滋暗长。

7. 全面性原则

甲骨文课程的实施要遵循全面性原则，全面性体现为在幼儿园的全方位铺开，同时与家庭合作，与社会合作。如家长的全面参与，在家庭中通过亲子活动一起玩甲骨文，家长通过活动的形式，如开学典礼、升旗活动、节日活动等形式参与到幼儿园的甲骨文课程活动中。另外，还可以组织幼儿到文字博物馆、殷墟博物苑实地参观，到适当场合进行义务讲解、宣传，普及推广传统文化，增加民族自豪感等。

8. 系统性原则

既然是课程，就应该成体系，是一个由易到难、有内在逻辑结构的系统，而不是支离破碎的堆积。所以，课程团队在开发本课程体系的时候，兼顾了甲骨文字本身的内在系统性、联系性和幼儿认知过程中本身的学习特点，即课程本身的提纲和幼儿内在的“提纲”，先是在甲骨文字之间的横向联系上形成有内在联系的一类字或者一个字群，如“我的五官”“我的肢体”，形成“甲骨文中的我自己”，把和“人”有关的字组合到一起，形成“人在甲骨文”篇章。与此相类似的，我们分为“美食美器”“动物世界”“植物王国”“自然物语”“气象万千”等篇章，同时我们考虑到幼儿的认知特点和接受水平，由易到难、由浅入深，螺旋上升，对不同年龄的幼儿提出了不同水平的目标要求，形成了一个兼顾发展个体和发展内容的科学的课程体系。

（二）具体的实施措施

1. 甲骨文课程的环境创设

根据渗透性教育原则，我们充分利用幼儿以无意学习为主的特点，通过大环境（幼儿园整体）、中环境（教室内部）、小环境（区角创设）全方位立体的环境创设，对幼儿进行熏陶和感染。

大环境指幼儿园的整体环境创设，如幼儿园整体设计风格，大厅、墙壁、走廊、楼梯、天花板等。从大处营造一个充满中国传统风格的甲骨文氛围，用甲骨文背景装点美化幼儿园的整体环境，在幼儿目光、小手可触及处，用凸起或凹下的甲骨文字体，把孩子们喜闻乐见容易辨识的有趣的甲骨文字以不同形式、不同风格呈现，孩子不但耳濡目染，而且可以随时伸出小手去触摸、去描画这些字画相通的符号，在其内心犹如在通过一幅幅玄妙的神奇的画与古人进行心灵的沟通。他们还会随时随地向成人（家长或他人）介绍自己知道的甲骨文字，增加文化自信感。

作为中环境的教室内部环境也会布置相应的甲骨文课程内容，但是作为班级环境，更多的要与班级情况特点以及正在进行的课程内容相适应，其主题内容与设计应该与相应的主题吻合。如学习“气象万千”的内容，就应该是“风雨雷电、云雾冰雪”等甲骨文字以及相应的自然现象、天气特点，甚至可以延伸到让小朋友观察天气，并用相应的甲骨文字或者现代字或者图标来标注。

小环境指的是区域环境的创设，幼儿的活动强调除了集体活动之外，要根据幼儿的发展领域，创设相应的区域，通过投放适宜的材料让幼儿自由探索和操作。在甲骨文课程中也强调了区域环境的创设，如操作区、表演区、活动区、科学区、美工区等，结合幼儿当前的学习内容以及年龄特点，投放适宜的材料，供幼儿个性操作、自由组合。

2. 甲骨文课程的实施方式

根据皮亚杰的“通过活动促进幼儿内部与外部的互动，从而促进其成长和发展”观点以及陈鹤琴的“活教育”思想提出的“做中学、做中教、做中求进步”的思想，我们通过丰富多样的活动，促进甲骨文课程在幼儿生活中的渗透，从而促进幼儿通过甲骨文这一载体全面发展。

（1）实地参观活动。组织幼儿到“中国文字博物馆”“殷墟博物苑”参观，全身心感受三千年前殷商的文化背景，通过看一看眼前的实景展示、摸一摸每一块矗立的甲骨文雕刻、听一听文字老师的讲解，给幼儿直观的感受和心灵的触动。

（2）专题教育活动。通过教师专门组织的教育活动，有目的、有计划地与幼儿互动；通过形象的动画视频、有趣的故事，高结构的教育环节，促进幼儿了解甲骨文字的生动形象和内在含义；通过用自己的身体或者器具（如小棍）拼一拼、摆一摆，感受甲骨文字的结构和乐趣。

（3）区域活动。通过在特设的区域环境中做一做、画一画进一步延伸对甲骨文字以及文字的再认识和学习乐趣。

(4) 户外体育活动。通过户外体育活动中动一动、游戏活动中玩一玩，把甲骨文课程与健康领域的发展相融合，让甲骨文文化通过幼儿的身体感受而浸入。

(5) 家庭亲子活动。家庭亲子活动是幼儿教育的最好延伸，可以通过家庭亲子活动，给家长讲一讲，通过与家长玩一玩、画一画、做一做等活动，进一步加强幼儿对甲骨文课程的感受和理解。而且家长也会在此活动中收获关于甲骨文的相关内容，实现了幼儿园在传统文化中的辐射带动作用。同时，通过高质量的亲子互动时间，也密切了亲子关系。

(6) 社会活动。通过“给客人讲一讲”“我来当小导游”“博物馆小小宣讲员”等活动，促进幼儿的社会化发展，促进甲骨文文化甚至是中国传统文化的推广和发展。

(7) 其他活动。通过节日特殊活动、升旗活动、开学典礼、毕业典礼等其他活动，通过各种多样活动的自然渗透，在“活教育”教育理念下开展实施。

3. 甲骨文课程的具体实施方法

(1) 游戏法：通过多种幼儿喜欢的游戏方式在玩中渗透甲骨文字。如把表示不同方位(东西南北中)的甲骨文字制成骰子，幼儿可以几个人一起玩，每人可以先占一个方位，然后轮流掷骰子，掷出什么方位，相应的幼儿获胜，大家可以都跑到其领地表示恭贺一次；也可以每次每个幼儿自己先猜一个方位，投掷出结果后，决定胜负。玩法和规则可以一开始由老师制定和引导，然后可以逐渐由幼儿自己商定玩法和规则，而且多个游戏都具有迁移性，如上述游戏也可以改成天气预报的气象类甲骨文字，还可以变换多种玩法。

(2) 故事法：通过讲故事，把一些有趣的甲骨文字串联起来，形成一个个有趣的故事图画。如通过“狐假虎威”的故事，把虎、狐狸、兔等动物类的甲骨文字组合到一起，通过学习《悯农》古诗，把“禾、苗、田、草、日、男、力”等甲骨文字组合到一起，形成一幅美丽的田间劳作图。通过对“人、孕、保、老、孝”等字的字形会意和串联，让幼儿认识到“人”在甲骨文字中丰富的内涵及中华传统美德。

(3) 绘画法：让幼儿把自己接触过的直观形象的甲骨文字，组成一幅幅生动灵活的画，并且讲给别人听。通过造型、涂色、创意，一幅幅稚拙、古朴、美丽、灵动的甲骨文图画从幼儿的乐趣中诞生，不但在这个过程中加深了对相应的甲骨文字的理解和感受，同时培养了幼儿构图、色彩等美术素养和兴趣。

(4) 操作法：通过各种操作活动，让幼儿通过自己的身体、双手、各种感官来感受和学习甲骨文。如用自己的身体摆出某个甲骨文字，也可以几个小朋友一起配合拼摆出某个字；当然也可以给幼儿提供多种材料，让幼儿去操作，如用各种泥塑让幼儿捏出某个甲骨文字；也可以是印刻，可以用刻好的甲骨文印章印出来(低龄幼儿)，还可以让幼儿自己学刻甲骨文印章，然后再印出来，这样更有创造感，更有趣，比较适合大班幼儿。

(5) 创意玩法：对于中、大班的孩子，有了一定的经验，具备了一定的目的性和思维水平，老师可以只是提供一些原材料，大胆放手让幼儿自己设计各种玩法。甚至可以让孩子与家长设计玩法，然后与小朋友交流一起玩，放手会更大地激发孩子们与家长的创新思维，新的玩法会层出不穷。

第二编　活动篇

第一章　遇见甲骨文

- 遇见甲骨文
  - 漫步殷墟
  - 探访字博

第一节 漫步殷墟

“洹水安阳名不虚，三千年前是帝都”，殷墟是甲骨文的发源地，被专家誉为“世界上最早的图书馆、中国最早的档案库”。漫步殷墟，故事的序言就从 3 300 年前的盘庚迁殷开始，安放在博物馆中的商代遗物，犹如穿过历史烟波的幸存者，静静讲述着殷商王朝曾经的辉煌。漫步殷墟，让我们用发现和欣赏的眼睛走进殷墟，让我们带领幼儿，一起感受我国灿烂辉煌的古文化，初步接触并感受甲骨文字象形、有趣的特点，激发幼儿对甲骨文字的兴趣。

主要目标领域：社会　　　　辅助目标领域：语言

【建议目标】

小班

(1) 感受独特的殷墟文化，对殷墟文化和甲骨文字感兴趣。

(2) 知道殷商文化的由来，了解甲骨文记载了古代发生的故事。

中班

(1) 初步了解殷商文化的发展，参观碑林，对甲骨文字的记录方式感兴趣。

(2) 走进殷商文化，寻找殷商文化的足迹，了解司母戊大方鼎又称后母戊大方鼎的故事。

大班

(1) 理解安阳女英雄妇好的故事，学做英雄人物。

(2) 观看碑林和甲骨文长廊，对甲骨文字产生浓厚的兴趣。

(3) 乐于传承安阳独有的殷商文化。

【活动准备】

(1) 教师提前通知家长参观殷墟博物苑的有关事项，帮助做好出行计划，如穿舒适的鞋子，带哪些必备的物品，安排每班 3～5 名家长志愿者。志愿者分工：一名摄影、两名负责孩子安全和秩序，其他的负责整理资料。提前对幼儿进行参观博物馆的礼仪教育，让孩子们从小养成文明参观的习惯。

(2) 家长与幼儿一起查阅殷墟博物苑的资料，了解殷墟博物苑的有关知识。

(3) 了解外出活动的基本安全知识。

(4) 提前安排好殷墟博物苑志愿者，告知讲解对象，调整讲解语言。

(5) 教师提前考察参观路线，制作参访表。

【活动过程】

一、激发幼儿参访兴趣，讨论外出参观要求

1. 激发参观殷墟博物苑的愿望

幼儿观看殷墟博物苑的宣传片，知道那里是中华文明的发源地，激发幼儿参访殷墟博物苑的兴趣。

2. 引导幼儿讨论参观前的准备

教师介绍参观前的准备，帮助幼儿了解每做一件事情都应该有详细的计划。如我们可以查找到达殷墟博物苑的路线，确定交通工具等，幼儿分组讨论列出准备清单。

3. 注意事项

参观殷墟博物苑应该注意什么呢？先请幼儿互相交流，教师适时给予强调和补充。如外出时要统一听老师安排，排好队一个一个走，不能在马路边玩耍或追逐，不可离开班级队伍。还要注意爱护文物，文明出游。

二、漫游殷墟

图 1－1　殷墟博物苑外观

1. 感受殷墟博物苑外观

教师引导幼儿观察殷墟博物苑大门，感受周边环境，形成初步感知印象。大门的设计造型就是仿照甲骨文的“门”字的写法建造的。

殷墟之所以闻名世界，有三个非常重要的因素：甲骨文、青铜器和都城。

2. 走进仿殷大殿

师：呈现在我们面前的就是建筑在商朝都城宫殿遗址上的仿殷大殿，它好似殷都的心脏，是当年商王议事朝拜的地方。殷墟内还有一座隐藏在地下的博物馆——殷墟博物馆，迈入这座博物馆，犹如翻开了一部精辟的史书。故事的序言就从 3 300 年前的“盘庚迁殷”开始。

第一展厅从都城开始，里边陈列了许多商代文物，传递着商代人生活的点点滴滴，从饮食到铸铜，无不真切入微。

图 1－2　青铜器

二号展厅中的青铜器，是对殷商文明中最为华美篇章的展示。

玉器展厅呈现的是一种温润古朴却不失浪漫色彩的美。看那些刻画精致的玉器，老道的刀笔勾勒的流畅线条是对匠人们“如切如磋，如琢如磨”的吟咏，也是对商人用玉、爱玉的表达。

殷墟博物苑最为珍贵的文字厅，讲述的是甲骨文的故事。它陈列着出土自殷墟的 619 件精美文物，默默地展示着“殷商”这个远古王朝尘封已久的记忆。

图 1－3　精美的玉器

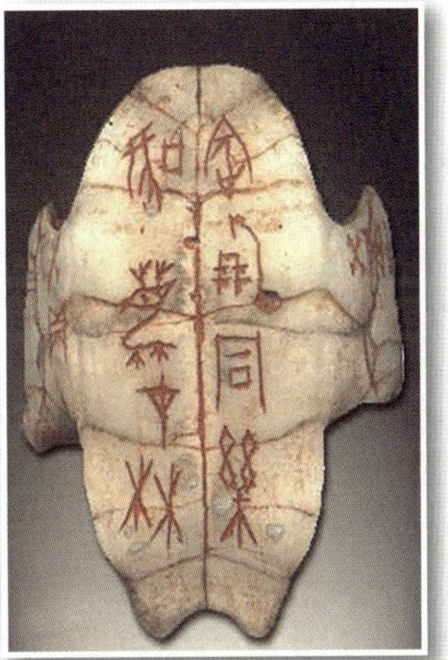

图 1－4　甲骨文图片

3. 观看司母戊(后母戊)大方鼎，了解大鼎的故事

司母戊大方鼎是中国历史博物馆的镇馆之宝，是迄今为止世界上发掘的最大的一件青铜器，也是我们的国宝。

图 1－5　司母戊大方鼎

4. 参观碑林和甲骨文长廊，了解甲骨文化

(1) 甲骨文承载着殷商的辉煌，在中华文化的长河中传承了 3 000 多年，正是因为它的发现使我们找到了殷墟——这座古老的帝都。在殷墟出土的 16 万片甲骨上，我们找到了近 5 000 个单字，可以和现代汉字一一对应的不过 1 500 多个。作为世界上最为古老的四大文字之一，

图 1－6　甲骨文碑林

图 1－7　甲骨文长廊

图 1－8　小手摩画甲骨文

只有甲骨文，经受了历史的拷问，穿过了岁月的长河，演变成大家广为使用的繁体或简体汉字，在供世界上五分之一的人类传递文明，记载历史。

（2）聆听甲骨文字的故事。

选取简单易懂的甲骨文字让幼儿了解甲骨文化，激发对甲骨文字的兴趣。如“日”就是一个圆圆的太阳“⊖”，“月”就是天生半轮“☽”，还有“[甲骨文字形]”等等，这种亦诗亦画的特点与幼儿的具体形象思维的特点相吻合，更容易激发幼儿对“汉字”的兴趣。

（3）让孩子用小手描摹刻在石头上或柱子上的甲骨文字，加深感性体验。

5. 参观殷墟车马坑——中国古代最早的车马实物和道路遗迹

我国是世界上最早发明和使用车的文明古国之一。殷墟博物苑展出了六座殷代车马坑和道路遗迹，这六座车马坑保存基本完整，具有较高学术研究和展示价值。殷代的马车造型美观，结构牢固，车体轻巧，运转迅速，重心平衡，乘坐舒坦。

图 1－9　商朝的车

图 1－10　车马坑

6. 参观妇好墓

妇好是商王武丁的王后，也是中国考古发现最早的女将军，她以巾帼英雄形象而闻名。

边参观边引导幼儿认识“她是谁、她生活的时代、她的故事、她的葬礼”等，从不同侧面认识妇好。妇好人生中有“一国之后”“王子公主的母亲”“巾帼英雄”三个角色，揭示了巾帼英雄不平凡的人生，激发着幼儿对妇好的敬仰。

图 1－11　古代第一位女英雄　妇好

三、参观小结

殷墟博物苑的设计灵感源自“洹”，甲骨文中洹水的“洹”字。这个早在 3 000 多年前就被创造出的形声字，蕴含着永恒之河的含义，看来先民们早就把殷切的希望寄托在这条河流之上，期待她能静静流淌，滋养殷商文明，使其代代传承下去。我是中国人，学点甲骨文，我骄傲，我是中国人！

【活动延伸】

环境创设：殷墟博物苑的图片、挂图。

语言区：殷墟博物苑的故事，如妇好的故事、武丁的故事、盘庚迁都的故事。

科学区：各种搭建材料和殷墟博物苑的搭建流程图。

美术区：殷墟博物苑的图片，甲骨文的旅游产品和艺术品。

表 1－1　家庭亲子活动

活动目标	活动准备	活动内容	注意事项
1. 了解常见的甲骨文字 2. 了解甲骨文字造字的故事 3. 动手操作拼摆甲骨文字 4. 观察了解司(后)母戊方鼎的形状，制作司母戊方鼎	1. 提供甲骨文字卡片 2. 甲骨文字的视频《36 个字》 3. 提供各种各样的拼摆材料 4. 提供泥塑材料和搭建材料	1. 讲一讲：听爸爸妈妈讲解甲骨文的故事 2. 说一说：甲骨文字卡里的字宝宝 3. 做一做甲骨文字真好玩的游戏，让孩子用各种材料拼摆甲骨文字 4. 和爸爸妈妈一起做司(后)母戊大方鼎	1. 在游戏情景中进行 2. 在玩中学、学中探索

第二节　探访字博

一片甲骨惊天下，甲骨文字是迄今发现的最早的较为成熟的为中国文字，甲骨文是中华文明的起源，是现存中国最古老的成熟文字。它距今约 3 600 多年的历史，成功入选《世界记忆名录》。中国的即是世界的，甲骨文字是中国走向世界的一张名片。

中国文字博物馆，在甲骨文字的发源地——河南安阳，是一座面向国内、国际开放的国家级的专题博物馆，是我国第一座以文字为主题的博物馆。馆内以汉字为主干，也有少数民族文字，丰富的博物馆资源是我们安阳的骄傲，也是中国首批中小学研学基地。

我们和孩子们一起走进文字博物馆，感受中华民族灿烂的传统文化，感受文字的魅力，引导幼儿接触甲骨文，感知中华文明的源远流长，帮助幼儿建立民族自尊和文化自信，感受作为一个中国人的自豪。

主要目标领域：社会　　　　辅助目标领域：语言

【建议目标】

小班

（1）感知中国文字博物馆，留下文字初印象。

（2）知道甲骨文是中国最早的文字。

（3）对甲骨文字产生最初的兴趣。

中班

（1）初步了解文字的发展、演变历程。

（2）认识几个简单的甲骨文字，激发探索甲骨文字的兴趣。

（3）走进殷商文化，寻找殷商文化的足迹。

大班

（1）了解甲骨文的发现与研究情况，对甲骨文字产生浓厚的兴趣。

（2）了解甲骨文的价值，培养民族文化自信和自豪感，乐于传承我国独有的殷商文化和甲骨文文化。

（3）体验甲骨学堂，通过感知、操作，感受甲骨文字的魅力。

【活动准备】

（1）教师提前通知家长参观文字博物馆的有关事项，帮助做好出行计划，如穿舒适的鞋子，带哪些必备的物品，安排每班3～5名家长志愿者。志愿者分工：一名摄影、两名负责孩子安全和秩序，其他的负责整理资料。提前对幼儿进行参观博物馆的礼仪教育，让孩子们从小养成文明参观的习惯。

（2）家长与幼儿一起查阅文字博物馆的资料，了解文字博物馆的有关知识。

（3）了解外出活动的基本安全知识。

（4）提前安排好文字博物馆志愿者，告知讲解对象，调整讲解语言。

（5）教师提前考察参观路线，制作参访表。

【活动过程】

一、激发幼儿参访兴趣，讨论外出参观要求

1. 激发幼儿参观文字博物馆的愿望

幼儿观看文字博物馆的宣传片，教师介绍甲骨文的由来、发现、重要价值、特点，激发幼

儿参访文字博物馆的兴趣。

2. 引导幼儿讨论参观前的准备

教师介绍参观前的准备，帮助幼儿了解每做一件事情都应该有详细的计划。例如：我们可以查找到达文字博物馆的路线，确定交通工具等，幼儿分组讨论列出准备清单。

3. 注意事项

参观文字博物馆应该注意什么呢？先请幼儿互相交流，教师适时给予强调和补充。

例如：外出时要统一听老师安排，排好队一个一个走，不能在马路边玩耍或追逐，不可离开班级队伍。

二、探访字博

参观文字博物馆，特邀课程文字顾问陪伴孩子探访文字博物馆。

1. 感受文字博物馆外观

到达文字博物馆后，教师引导幼儿观察文字博物馆大门，感受周边环境。金碧辉煌的高大建筑，华丽宏伟，外表刻画着很多中国特有的各种图腾，让人感受到中国特有的文化气息，广场两旁全是一些刻着甲骨文的龟甲，龟甲上的文字，承载着中华5 000年厚重的文化历史，也孕育着希望。

文字博物馆大门是一个大大的甲骨文的“字”的造型（见图1－12），门前小桥流水，鲤鱼翻飞，草坪上人与自然和谐相处。

图1－12　中国文字博物馆外观

图1－13　孩子在文字博物馆外快乐感受

2. 参观游览

幼儿园志愿小导游向来参观的幼儿介绍，孩子给孩子介绍，增强亲切感和认同感。大导游（文字专家）陪同补充。

（1）一楼展厅：通过观察世界四大古今文字分布图，了解文字对文明发展延续的巨大作用。

一楼展厅向我们展示了甲骨文的发掘、发现、认知的全过程。墙壁上的四块浮雕，浓缩了中国文字的概况，表现了中国文字的丰富多彩和源远流长。浮雕旁边的天然石材有竖向的凹槽，远远看去，好似古代的竹简，黑、白、灰的颜色搭配也象征着中国的水墨书法，房顶上的苍穹代表了天空，周围的灯饰象征着天空中闪烁的星星。

（2）专题展厅："一片甲骨惊天下"讲述了王懿荣发现甲骨文的故事，让幼儿了解甲骨文发现的历史。通过仓颉造字的故事，了解汉字起源的传说和历史。通过观察商王问卜场景，让孩子们了解商代人占卜的原因、方法和过程。通过参观甲骨文造字方法，让孩子简单了解汉字字形所遵循的基本规律，强化孩子的整体性认识。

图 1－14　甲骨文的发现

（3）观看二楼展厅司（后）母戊大方鼎，了解大鼎的故事。

闻名中外的司（后）母戊大方鼎，它已经有2 000 多年的历史了，是我们现在发现的最早最重的青铜器，上面精美的花纹反映了我国古代的冶铜技术。二里头青铜器、司母戊大方鼎、四羊方尊、三星堆青铜器等精美青铜器，充分展示了我们国家辉煌灿烂的青铜文明。

图 1－15　司母戊大方鼎

（4）二楼的金文、雕版印刷术与现代高科技电子技术，形象、具体诠释了中华民族文明中文字的进步与发展过程。

（5）参观三楼展厅。

三楼的展厅主题是现代书法展，这里陈列着许多名家之作，那一幅幅作品如行云流水，带给人一种说不出的美感。

3. 互动体验

互动厅中孩子们更是热情高涨，积极展示自己的书画魅力，课程顾问给孩子们开展了经典课程"舞动的汉字"和甲骨文成语故事活动"狐假虎威"。

三、参观后谈话

参观回来后，组织幼儿分享参观感受，回忆参观活动中印象最深的情节，分享交流。

谈感受，感受古老文字的魅力，激发学习甲骨文的热情和民族文化自豪感。

可用绘画日记的形式记录自己的参观过程和所见所闻。

【活动延伸】

环境创设：文字博物馆的图片、挂图。

语言区：甲骨文环境的创设，扮演小导游，为客人介绍甲骨文。

科学区：各种搭建材料，文字博物馆的搭建流程图。

美术区：文字博物馆的图片，甲骨文的旅游产品和艺术品提供拓印模板，准备颜料请孩子进行拓印。

表 1-2　家庭亲子活动

活动目标	活动准备	活动内容	注意事项
1. 动手操作拼摆甲骨文字 2. 利用提供的材料拼摆文字博物馆的建筑 3. 让孩子根据兴趣制作各种各样的甲骨文工艺品和拓印作品	1. 提供各种各样的拼摆材料 2. 提供白 T 恤和甲骨文装饰品模板	1. 做一做"甲骨文字真好玩的游戏",让孩子用各种材料拼摆甲骨文字 2. 根据流程图,拼摆文字博物馆 3. 和孩子一起商讨如何制作甲骨文 T 恤和扇子、背包等工艺品	1. 在游戏情景中进行 2. 在玩中学、学中探索 3. 家长辅助引领

资源链接

XX 幼儿园 XX 班户外教学参访纸上作业

参访地点:安阳殷墟博物苑

参访者:　　　　　记录者:　　　　　工作时间:

今天是_______年_______月_______日,星期_______,今天的天气_______。

今天上午我和____________________________一起去了____________。我们是____________________去的,然后又是____________________回来的。

到安阳殷墟博物苑后,我们先____________,再____________。进去展览馆后,我先看到了____________,它________________。还看到了____________,它________________________。

在参观时,给我印象最深的是____(请孩子或家长一起画出来)。

温馨提示:

(1) 请家长在轻松愉悦的环境中引导幼儿回忆参访经验,鼓励幼儿组织语言进行表述。

(2) 请家长将幼儿所表述的真实语言记录在纸上,带回幼儿园以便教师继续引导其后续课程的扩展。

(3) 这是多层次目标的纸上作业,请不要勉强引导幼儿不能完成的部分。

第二章　甲骨文中的我自己

- 甲骨文中的我自己
  - 奇妙的五官
    - 可爱的嘴巴
    - 眉目传情
    - 鼻子和我自己
    - 耳听八方
  - 身体的奥秘
    - 小便便 大学问
    - 心跳咚咚咚
    - 舞动的汉字
    - 我爱洗手——盥
    - 我爱洗澡——浴

第一节 奇妙的五官

甲骨文字素有“一个字一幅画”的美称，认识甲骨文字之旅的第一站就是从孩子自身入手，我的五官包括“可爱的嘴巴”“眉目传情”“鼻子和我自己”“耳听八方”四个教育活动。甲骨文中与五官有关的字，都是从象形文字演变而来，往往具有象征意义，它是集古人智慧与丰富想象力、创造力为一体，给人以无尽的遐思，使人产生一种欣喜和好奇！或许你情不自禁地拿起镜子照照自己，暗自一笑：嘿，还真像呢！

可爱的嘴巴

主要目标领域：科学　　辅助目标领域：健康、语言

【建议目标】

小班

(1) 初步感知甲骨文字(口)。

(2) 初步了解嘴巴的重要性，知道保护自己的嘴巴。

(3) 感受象形文字的美，体验参加游戏的快乐。

中班

(1) 认识并学会绘画甲骨文字(口)，拓展认识甲骨文字(齿)。

(2) 知道如何保护嘴巴。

(3) 培养幼儿热爱祖国文字的情感。

大班

(1) 认识并掌握甲骨文字(口)、(齿)，拓展认识甲骨文字(舌)。

(2) 能够绘画、拓印简单甲骨文字。

(3) 培养幼儿在游戏中的规则意识，感受游戏带来的快乐。

【活动准备】

(1) 甲骨文字卡：  。

(2) 小棒、橡皮泥、吹泡泡的工具、拓片、拓纸、刷子、嘴巴受伤的图片，《合拢放开》的音乐。

(3) 知道保护嘴巴的一些方法。

【活动过程】

一、音乐导入，让幼儿了解五官

1. 音乐活动，了解五官

教师带领幼儿做音乐活动“合拢放开”。

儿歌内容：合拢放开，合拢放开，小手拍拍拍，合拢放开，合拢放开，小手放腿上，爬呀，爬呀，爬呀，爬呀爬到小腿上，这是眼睛，这是鼻子，这是小嘴巴。

2. 教师设问，引出甲骨文字

我们的嘴巴在哪里？我们的嘴巴像什么？出示甲骨文字，甲骨文中的“口”字就跟我们小朋友大大的嘴巴一样，张得大大的，像只小老虎。

二、游戏：我来吹一吹

1. 教师讲解游戏规则

将幼儿分成两队，按顺序来吹泡泡，在吹的过程中要注意观察怎样吹才能使泡泡越来越大。

2. 幼儿体验游戏

幼儿在吹泡泡过程中，体验“口”的作用和游戏的乐趣，教师观察并给予相应指导。

3. 自主讨论

引导幼儿自主讨论并说出口的作用：吃饭、喝水、说话、吹气、呼吸、唱歌等，让幼儿明白“口”的重要性。

4. 拓展认识甲骨文字（齿）、（舌）

引导幼儿探索口腔的秘密，发现口里长着牙齿，观察其形状，拓展认识甲骨文字（齿），口腔里上下长着牙齿。

牙齿的作用：咀嚼、咬碎食物，帮助消化。

有的幼儿会提出口里还有“舌头”，引导幼儿观察舌的形状，猜一猜“舌”的甲骨文字会是什么样子，然后出示甲骨文字（舌）。

“舌”字作为拓展内容，不对其背后含义做过多解释，小朋友能认出来、感兴趣即可。

让幼儿通过活动探索“舌”的作用：尝味道、搅拌食物、帮助说话。

三、我会保护你

出示嘴巴受伤的图片，引导幼儿重视嘴巴的保护，知道怎样去保护好自己的嘴巴，探索保护嘴巴的方法：坚持刷牙、漱口、多喝水等。

四、我会做

1. 分组操作、材料拼摆

让幼儿分组用橡皮泥、小棒等不同材料探索拼摆甲骨文“口”字的方法。

2. 合作体验、身体拼摆

让幼儿合作用自己的身体拼摆甲骨文“口”字。

3. 自主操作、绘画拓印

让幼儿动手绘画和拓印甲骨文“口”字。

【活动延伸】

环境创设：在幼儿园活动区投放关于五官的绘本和一张人脸的大图，帮助孩子理解人的五官和保护五官的方法。

科学区：投放关于人身体的器官和脸部的大图，给孩子提供布贴画，让孩子们在游戏中找五官，在体验中学知识。再准备小鼓、嗅觉筒和碰钟等。

美工区：关于人脸的图片，脸谱的模具，各种美术材料如卡纸、立体脸谱等。

艺术区：变脸的音乐和道具。

表 2－1　家庭亲子活动

活动目标	活动准备	活动内容	注意事项
1. 请孩子欣赏吹画作品，培养孩子的审美能力 2. 体验吹画的乐趣	图画纸、水彩、吸管等材料	妈妈和幼儿玩“妙嘴生花”的游戏，妈妈先将装有水彩颜料的滴管滴在一张纸上，用嘴轻轻地吹，使颜料形成各种形状。当作品完成后让孩子看看像什么，给作品起个名字	家长要注意，在游戏进行完毕后，要仔细打扫“战场”
1. 培养孩子听音乐的能力 2. 培养孩子的模仿能力	1. 音乐《跳跳糖》 2. 在家中空地板画一个大大的嘴巴	宝贝，妈妈和你玩一个“跳跳糖”的游戏。看这里有一个大大的嘴巴，我们跟音乐一起跳起来，当听到音乐中“跳跳糖”的语言提示，我们跳进大嘴巴里跳来跳去，当音乐结束时，我们可以躺到大嘴巴里，表示融化了	这个游戏非常有趣，妈妈可发布不同的口令，让孩子在大嘴巴里创编各种各样的跳法，激发孩子的想象力
培养孩子的想象能力和创造能力	1. 口字的甲骨文字卡、五官的字卡，甲骨文和汉字的字卡游戏 2. 口字的成语故事、口字的成语字卡	1. 妈妈比划宝宝猜，妈妈做动作，请孩子迅速从字卡中找出耳、目、口等字 2. 口字的字卡游戏，如口是心非，口若悬河等，口字字卡设计描摹板 3. 由甲骨文“口”字引申到现代“口”字，玩“口”字加一笔变成什么字的游戏	1. 倾听孩子的想法 2. 提升孩子的语言和词汇

眉目传情

主要目标领域：健康　　　　辅助目标领域：语言、社会

【建议目标】

小班

(1) 初步对甲骨文产生兴趣，知道眼睛也叫“目”，在老师的提示下能做出不同表情。

(2) 明白眼睛是人类的重要器官，要保护自己的眼睛。

中班

(1) 感受甲骨文的魅力，知道“目”的甲骨文是  ，在老师的帮助下能摆出“目”字。

(2) 知道要保护我们的眼睛，不能长时间看电视或者手机。

大班

(1) 感受人类造字的艺术，了解“目”字的演变过程，增加对文字的兴趣。

(2) 知道保护眼睛的一些常识，能独立摆出“目”字，并能临摹“目”字。

【活动准备】

(1) 手工制作的眼睛模型；甲骨文  、 、 、目字板。

(2) 一些用眼不当的图片，表情图片如“笑”“哭”“生气”等。

(3) 一定数量的彩铅或水彩笔。

【活动过程】

一、游戏导入，引“目”出动

图 2-1　蒙上眼睛摸一摸

1. 游戏引出主题

带领幼儿玩“猜猜他是谁”的游戏。

游戏规则：一个小朋友眼睛被蒙上，让他通过手摸的方式，判断出对方是谁。

通过游戏让幼儿认识到眼睛的重要性，从而引出主题——眼睛，同时发展幼儿的感官体验。

2. 图文对比

出示眼睛的图片和甲骨文字  (目)的图片。眼睛也叫“目”，“目”是对眼睛比较正式的称呼，让小朋友知道“目”是眼睛的书面语。

二、出示甲骨文，认识“目”的演变

“‘目’本来不是这个样子的，是经过很久才变成现在的样子，我们来看看它原来的样子吧！”

1. 介绍演变历史

出示“目”的甲骨文，介绍字形，问幼儿它像什么（眼睛），从而引出“象形字”的概念。

古人在创造文字的时候也会考虑文字的代表性，所以在最初创造的文字里很多都像画画一样，画个眼睛就是目字，这种和物体外形特别像的字就叫“象形文字”。“”就是象形文字。不过后来为了方便人书写，把这些字简化了，形成了今天小朋友看到的“目”字。

2. 观察并描画

引导幼儿观察“目”和的区别，并用手指在空中描画。

“小朋友看看这两个字有什么不一样？”

（一个是竖着，一个是横着；一个是线条直直的，一个线条弯弯；一个是长方形，一个好像是三角形……）

“那跟着老师一起在空中画画这两个字吧。”

3. 拼摆甲骨文字（目）

拿出彩铅或水彩笔，引导幼儿拼摆“目”字：“每个小朋友的座位前面都有彩铅笔，接下来，我们用这些彩铅笔拼出一个‘目’字吧。”

三、教师讲解，了“目”于心

“眼睛又称目，是人体重要的器官，小朋友们说一说眼睛有什么作用？”

眼睛的作用：读书认字、看图赏画、看人物、欣赏美景等都要用到眼睛。

“这么重要的器官，我们该怎么保护它？”

“你们知道它喜欢什么？怕什么吗？”

1. 光线

“眼睛喜欢柔和的光线，不喜欢刺眼的光，在昏暗的灯光下看书，它会很累的。另外，手机、电脑发出的蓝光也会对它造成伤害，我们应该少看或不看。”

2. 距离

“看东西不能太近，眼睛和书之间要保持在 25 厘米，看电视最好要在 2 米以外看，眼睛才会舒服。”教师用手或身体演示这些距离的长度。

3. 时间

看电视的时间也要有节制，连续时间不得超过 15 分钟（小班）；20 分钟（中班）；30 分钟（大班）（不认识时间的让家长监督）。

4. 空间

“眼睛不喜欢别人碰它，因为它很柔软，很容易受到伤害，特别是一些尖锐的东西，如针、刀、筷子、勺子等，都不能接近它，小朋友拿着尖锐的东西千万不能跑，一不小心摔倒了，这些东西容易扎到它。”

5. 卫生

“眼睛是个讲究卫生的器官，如果有风吹过来，赶紧眯起眼睛，不然会有脏东西吹到眼睛里，也不能用手揉眼睛，因为小手上有很多细菌，会让眼睛生病的。”

四、护“目”行动

（1）带领小朋友做眼保健操。

（2）闭上眼睛、眼睛转动。

（3）经常带小朋友到户外玩耍，看看远处的风景。

五、游戏结束，眉“目”传情

“小朋友们知道吗？眼睛除了能看到东西外，还有表达感情的作用。接下来，我们一起用眼睛说话吧！”

“开心的时候，眼睛是什么样子的？”（笑眯眯）

“难过的时候，眼睛是什么样子的？”（眼角下垂）

“生气的时候呢？”（眼睛上调，像竖起来的样子）

……

【活动延伸】

1. 语言区

（1）临摹“目”和  。

投放“目”和  字卡，请幼儿在纸上临摹，也可以用橡皮泥做成浮雕式的字样，让幼儿通过手指的触感，来感受文字的魅力。还可以投放一些其他简单的甲骨象形文字，让幼儿来推测这个字，并临摹。

（2）绘本《眼睛的故事》。

投放绘本《眼睛的故事》，备好小舞台、话筒，请老师或幼儿讲《眼睛的故事》，其他幼儿可以做观众。在幼儿讲述过程中可以针对幼儿讲述故事内容及方式方法进行调整和完善，做出针对性评价，以引导幼儿之后的讲述更加完善。

2. 美工区：画不同表情的眼睛

投放能够体现不同表情的眼睛图片和简笔画图案、颜料和纸。请幼儿根据自己的喜好，选择自己喜欢的眼睛和绘画方式。注意调整材料的丰富性，比如各种表情下的眼睛，不同手法、效果的临摹图片。

3. 科学区：望远镜的秘密

在科学区投放望远镜，可以带领孩子来到地势较高的地方，观察更远的地方，观察天空、树、燕子，甚至远处的人、物，让幼儿感受到望远镜可以延长人眼睛的视线，激发对自然的探索欲。这种观察可以是无目的的，也可以是有计划、有目的的，比如观察已知的鸟巢、白云的变化等。

表 2-2 家庭亲子活动

活动目标	活动准备	活动内容	注意事项
1. 会做眼保健操 2. 进一步了解眼睛，知道眼睛的结构、特点 3. 养成良好的用眼习惯	眼保健操视频、绘本《眼睛的故事》、看电视（电子产品）记录表	1. 定期和幼儿一起做眼保健操，也可以为对方按摩 2. 在亲子阅读时间，给孩子讲眼睛的故事，家长也可以做孩子的听众，听孩子讲 3. 每天看完电视，帮助孩子记录看电视的内容、时间、长度，当然也要记录家长的看电视情况	1. 眼保健操注意趣味性，可以经常变换背景音乐或速度，加一些变化因素在里面 2. 孩子讲故事不用太计较是否严谨、完整 3. 记录要坚持最少 3 个月

鼻子和我自己

主要目标领域：语言　　辅助目标领域：健康、艺术

【建议目标】

小班

(1) 激发幼儿学习甲骨文字（鼻）的兴趣。

(2) 知道这个字指脸上的哪个部位。

中班

(1) 感受甲骨文字和自己的关系。

(2) 有更明显的自信表现。

(3) 了解保护鼻子的方法。

大班

(1) 初步了解甲骨文“会意”的特点，感受古人造字的智慧。

(2) 能够多元呈现甲骨文字（鼻），感受传统文化的魅力。

【活动准备】

(1) 课件、笔、纸、胶棒，提前准备好甲骨文字（鼻）。

(2) 有关于“五官”的甲骨文字认读经验。

【活动过程】

一、认识甲骨文，感受古人造字的智慧

复习认读甲骨文字 ，同时，提醒造字的方式。

二、画鼻子，概括鼻子的外形特点

请幼儿仔细观察同伴的鼻子，用手指描画同伴的鼻子轮廓，尝试用线描的方式画鼻子。

把大家的作品陈列在展板上，请幼儿观察不同鼻子之间相同的地方。这一步主要为理解“鼻”字的象形特点做准备。

三、感知甲骨文字（鼻）

1. 感知甲骨文字（鼻）

师：大家观察这个字，像什么？这就是甲骨文中的“鼻”字。然后，幼儿认读。

2. 描画

请幼儿用手指头在另一只手上画一画。

图2-2　我自己

四、小游戏：理解鼻子与自己的关系

师：这是谁的东西？

在展示台上放上幼儿事先从家里带来的小玩具，放袋子里，老师快速展示，请幼儿上台告诉大家这是自己的，但不能开口，只能用手指。

请幼儿注意他指的什么地方。这个游戏可以玩多轮，引导幼儿注意鼻子和自己的关系。

这一步主要为“鼻”字的本字转化成为会意字作准备，初步体验会意字这一造字方法。

五、鼻字的变化

师：开始甲骨文中的“鼻”字就是画了一个鼻子，就像刚才我们玩的游戏一样，我们说到我们自己的时候，往往指着我们的鼻子，所以慢慢地这个字就变成了“自己”的意思。为了区别，就又造了一个字（鼻），甲骨文再加（像蛇信，感觉器官），表示“”（鼻）的嗅觉功能。

本来是鼻子，后来变成了自己的“自”，这样的造字法叫会意（叙述的同时，出示、字卡）

六、画“鼻”（）字

1. 添画五官

出示五官不全的脸谱，请幼儿指出缺少的五官，并尝试添画五官。

2. 描画甲骨文

今天我们先来学习我们的祖先写甲骨文，其实就像画画一样。让幼儿描画甲骨文，关键是画的兴趣，像不像不重要。

七、鼻子的作用

出示不同气味的嗅觉瓶，让幼儿尝试分辨不同的气味。

让幼儿尝试捏住鼻子，体验鼻子在呼吸中的作用。

总结鼻子的作用：闻味道、呼吸、过滤空气中的细菌等。

八、保护鼻子

鼻子是我们非常重要的器官，如果鼻子生病了，特别不舒服，也会影响大家的成长。我们该怎么保护鼻子呢？

在幼儿充分表达的基础上，归纳保护鼻子的要点。例如：不挖鼻孔、减少感冒、不乱往鼻子里塞东西等。

九、巩固活动

小游戏：看谁认得准，老师依次出示“鼻”“自”，幼儿快速回答。

【活动延伸】

美工区：在美工区自己书写甲骨文（鼻）。

科学区：提供嗅觉瓶，让幼儿练习辨别不同的气味。

语言区：投放与鼻子相关的绘本。

表 2－3　家庭亲子活动

活动目标	活动准备	活动内容	注意事项
体验贴鼻子游戏的快乐	准备一张脸谱，各种鼻子的图片	妈妈出示小猪佩奇的脸谱，请孩子观察小猪的脸上缺了什么	游戏过程中注意分享游戏的快乐
闻一闻什么味道，培养孩子的嗅觉灵敏度	各种调味品	提供不同的调味品让孩子闻一闻	

耳 听 八 方

主要目标领域：科学　　辅助目标领域：健康、语言

【建议目标】

小班

（1）观察耳朵的样子，初步感知甲骨文字（耳）。

（2）了解耳朵的作用。

中班

（1）掌握耳朵的作用和保护方法。

(2) 感受象形文字的有趣。

大班

(1) 能够通过多种形式表现甲骨文字 (耳)。

(2) 积累保护耳朵的更多方法，增强自我保护意识。

(3) 能说出耳朵的作用和保护方法，体会当小老师的成就感。

【活动准备】

(1) 各种不同声音的音频，分好组的甲骨文字卡，课件；

(2) 对人体的五官有初步的感知经验。

【活动过程】

一、听一听，辨一辨——耳朵的作用

播放不同的声音——鸟叫、流水、打雷、婴儿哭、狮子吼，让幼儿辨别。

师：你是怎么知道这是鸟叫，这是流水，这是打雷的呢？

幼：耳朵听到的。

小结：耳朵可以帮助我们清晰地感知周围世界中的声音，如果没有了耳朵，我们就生活在了无声的世界里，所以耳朵对我们很重要哦。另外，我们的耳朵除了可以听声音之外，还可以让我们保持身体的平衡，保证我们可以走直线，在轻微的旋转后不摔倒，它是不是很厉害呀？

二、摸一摸，看一看——耳朵的样子

1. 耳朵的样子

你们知道耳朵是什么样子吗？请你摸一摸自己的耳朵，看一看旁边小朋友的耳朵，然后说出耳朵的样子。

小结：耳朵摸上去软软的，有很多的凸起和凹陷，中间还有一个很深的洞洞。

2. 耳朵的结构

我们一起来看看耳朵的图片，请大家仔细看哦。

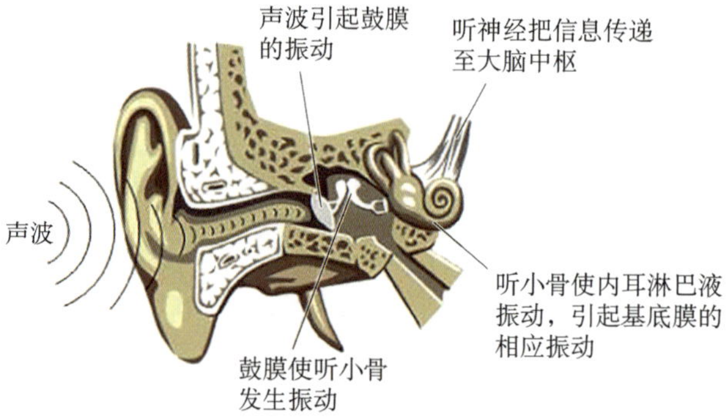

图 2-3 耳朵的结构

外面的轮廓——外耳，凸起来的地方——软骨，洞洞——耳道。

三、认识甲骨文字（耳）

1. 请孩子们认识、欣赏甲骨文“耳”字

3 000 多年前，我们的祖先就给我们的耳朵设计了一个字，我们一起来看看甲骨文中的“耳”字是什么样的吧。甲骨文的“耳”字是不是跟我们的耳朵长得很像啊？

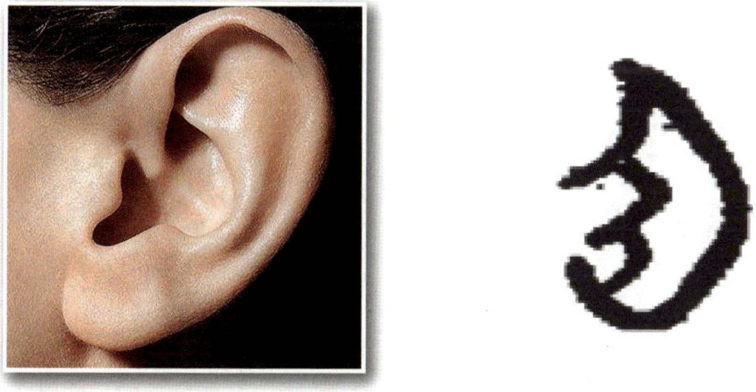

图 2－4　耳朵的形状以及甲骨文“耳”

甲骨文“耳”字就像小朋友的耳朵一样，耳聪才能目明，古人有“千里眼”“顺风耳”之说。

2. 甲骨文游戏“看谁找得快”

将幼儿分组，并为每组幼儿提供若干张甲骨文字卡，把字朝下扣在桌面上，每次只能翻开一张，且看过后要扣回去。看哪一组最先找到“耳”字。

3. 引导幼儿描画甲骨文“耳”字

四、探索耳朵的奥秘

1. 出示人体五官图

了解人体五官，请幼儿说说耳在人体的什么位置，认识到耳朵也是人外形美不可或缺的器官。

2. 游戏“猜猜我是谁”

请一位幼儿蒙住眼睛，由一个小朋友走过他身旁，并学小猫叫一声，猜对是谁叫的就由学小猫叫的幼儿蒙眼来猜，没猜中就继续由别的小朋友走过他身旁。

3. 了解耳朵的特殊用途

播放影视片段（古人趴地听军情），引出在古代人们是靠耳朵来辨别军情的。

师：耳朵对我们每个人都很重要，所以我们要保护好耳朵，不听过大音量的声音、不挖耳朵、不往耳朵里塞东西……小朋友们，在古代没有先进的武器，更没有先进的通讯设备，你们知道古人的军队是怎样知道敌军部队有没有接近他们的吗？

幼：站在高处观察。

幼：做卧底……

师：嗯，你们说得都对，人的身体上还有一个神秘的器官也能帮助古人获得重要信息，我们一起来看看吧。（播放视频）

小结：在古代没受任何通讯设备和检测设备，夜间两军打仗，靠耳朵紧贴地面听敌人离自己有多远、来了大约多少人来了解敌军的军情。

五、 辨一辨，学一学——保护耳朵

耳朵对我们很重要，所以我们要保护好耳朵，不听过大音量的声音、不挖耳朵、不往耳朵里塞东西……

出示图片，让幼儿判断对错，并用小手摆出“√”和“×”。

图片内容：放异物入耳（×）；掏耳朵（×）；向耳朵灌水（×）；听噪音或过大的声音（×）。

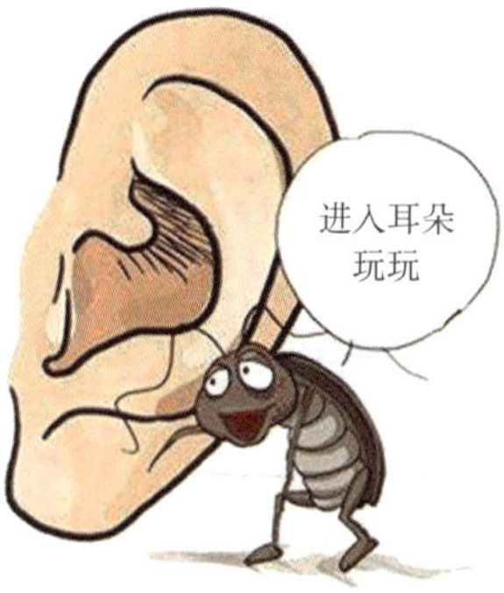

图 2-5　异物入耳

图 2-6　掏耳朵

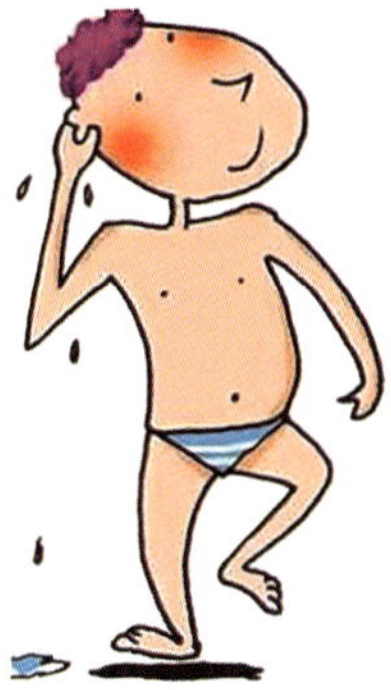

图 2-7　耳朵灌水

图 2-8　听噪音或过大的声音

小结：我们的耳朵很重要，所以我们一定要保护好它，不能放异物入耳朵，不能随意掏耳朵，在游泳和洗澡时要防止耳朵进水，不能听噪音和过大的声音，一旦耳朵不舒服一定要及时到医院就医。

六、 我做小老师——传播耳朵的知识

我们了解了耳朵的样子，还认识了甲骨文字（耳），知道了耳朵的作用、保护耳朵的方法，回家以后，请小朋友们做小老师，把我们今天学到的内容分享给爸爸妈妈吧。

【活动延伸】

科学发现区：耳朵的解剖图，深入了解耳朵的构造和各部分功能。

语言区：五官甲骨文字的展示，以识字游戏的形式出现。

角色扮演区：五官医院。创设医院环境，投放相关材料。小朋友自主扮演医生、病人等角色，展开游戏。

表 2－4 家庭亲子活动

活动目标	活动准备	活动内容	注意事项
1. 掌握耳朵的作用和保护方法 2. 认识甲骨文的“耳”字 3. 在“我做小老师”活动和亲子共读中增进亲子关系	1. 耳朵的作用和保护方法的文本资料 2. 甲骨文“耳”字 3. 认识五官的绘本故事《哇哦，神奇的五官》	1. 耳朵的相关知识讲授 2. 甲骨文识字 3. 亲子阅读如《我们的感觉》等与五官相关的绘本 4. 家长践行耳朵的保护方法	家长在日常生活中落实保护耳朵方法的具体操作

第二节 身体的奥秘

身体是生命的载体，爱惜生命就要保护好我们的身体。身体对幼儿来说既熟悉又神秘，本节通过甲骨文字的象形特点帮助孩子探索身体的奥秘。让幼儿在轻松愉悦的体验中，认识我们的身体，学做自己的健康小卫士；在积极主动的参与中，用身体变出各种各样的甲骨文字，感受甲骨文字的美和魅力。

小便便 大学问

主要目标领域：科学　　　　辅助目标领域：健康、语言

【建议目标】

小班

(1) 认识甲骨文字(屎)和(尿)。

(2) 培养幼儿及时如厕的习惯。

中班

（1）让幼儿初步了解食物在人体内的变化过程。

（2）理解甲骨文字（屎）和（尿）的由来。

（3）培养幼儿对排泄物的正确认识。

大班

（1）懂得健康的生活方式才能拉出健康的便便。

（2）对甲骨文字（屎）和（尿）有探索的兴趣。

（3）建立良好的饮食习惯。

【活动准备】

（1）动画片《食物的旅行》。

（2）人体消化器官图操作卡。

（3）幼儿吃东西的录像。

（4）（屎）和（尿）的甲骨文字卡及大便的动画图卡。

【活动过程】

一、谈话引起幼儿的探索兴趣

师：小朋友们每天都要吃饭，你们知道吃进嘴里的饭菜都到哪里去了吗？可以自己想，也可以和其他的小朋友商量一下。

幼儿自由讨论……

二、观看动画片，启发幼儿讲述

师：刚才动画片里的小朋友带着我们在消化器官里旅行了一趟，谁能说出食物经过了哪些消化器官？

师：你认为食物在哪个消化器官里的变化最大？

幼：在食道里是块状，在胃里是糊状。

幼：最后在大肠里变成废物排出去了。

原来我们吃进嘴巴里的食物要经过这么多消化器官的配合才能变成对身体有用的营养而被身体吸收，帮助我们成长；那些没有被身体吸收的废物最后排出了体外，就是屎、尿。

三、出示甲骨文字（屎）和（尿）

1. 观察描述

师：在我们的甲骨文里也有表示屎（）和尿（）的字，猜猜看，哪个是甲骨文屎（）？哪个是尿（）？为什么？

2. 教师讲解

师：这两个字都是象形字。在撅起屁股的人（）的臀部位置，加了几点符号（），表示从肛门排出的排泄物。排泄物在前的为“尿”，排泄物在人体后面的为“屎”。在人的下腹部位加上虚线（），表示从人体飞泻的“水”。不管是人还是动物都要拉屎撒尿，也就是我们平时说的“大小便”。

四、讨论怎样排出健康便便

1. 引发话题

我们每次排出的大小便是一样的吗？有什么不同？

小结：有的小便很清澈，有的发黄；有的大便干干的、有的稀稀的；有的……

2. 选图讨论

（1）请幼儿观察便便图——稀稀的便便，讨论：这是什么样的便便，像什么，你拉的时候感觉怎么样？为什么会拉稀便便呢？（请幼儿当小医生来说说原因。）

小结：吃多了或吃了不好的东西，小肠和大肠还来不及吸取营养和水分，它就变成烂稀稀的便便了。

图 2－9　稀稀的便便

图 2－10　干干的便便

（2）请幼儿观察便便图——干干的便便，讨论：这是什么样的便便，看上去怎么样，你拉的时候感觉怎么样？为什么会拉颗粒便便呢？

请幼儿当小医生来说说原因，教师出示水果、蔬菜、杯子的图片。

图 2－11　水果

图 2－12　蔬菜

图 2－13　水

小结：不喝水、不吃蔬菜水果、想拉便便的时候不马上去，就会便秘，拉出干巴巴的、呈颗粒样的便便。

图 2-14　香蕉便便

(3) 出示香蕉便便图，讨论：这是什么便便，你有没拉过这样的便便呀，感觉怎样？

师：香蕉形状的便便是无可挑剔的好便便。

听听小博士是怎么说的：小朋友们，我们每天早上起床后要喝一杯水，吃饭要细嚼慢咽、不挑食，还要多吃蔬菜和水果，还有想便便的时候要马上去，这样就会拉出健康的便便。

五、通过游戏讨论，了解相关生活常识，促进幼儿健康生活习惯的养成

规则：下面我们来做个游戏，老师给你们准备了 5 道题请你们思考，你觉得对的坐在绿色椅子上，错的坐在红色椅子上，当都觉得对时，椅子不够了怎么办呢？（请你站在椅子的背后。）

问题一：早上起床后喝一杯水，对吗？

小结：早上肠胃苏醒了，开始准备排便了，要喝一杯水哦。

问题二：看到好吃的食物多吃，对吗？

小结：暴饮暴食的习惯，对胃影响很大。

问题三：饭后进行跑步比赛，对吗？

小结：饭后不能做剧烈运动，会影响消化，并且拉不出健康的便便来。

问题四：上课想拉便便了马上去，对吗？

小结：对的，想拉便便时，我们要马上去，否则会导致便秘。

问题五：拉好便便马上出去玩喽，对吗？

小结：拉好便便，我们要看看便便并用水冲掉再去玩，这样既知道自己的身体状况，又能养成良好的行为习惯！

【活动延伸】

科学区：投放便便的图卡、人体消化系统拼版，让幼儿操作，巩固所学知识。投放不同动物的便便图片，引发幼儿探索动物便便的兴趣。

语言区：投放绘本《拉便便》《听话的便便》《我是便便超人》《我会拉便便》《呀，便便》等，让幼儿在阅读中了解拉便便的相关知识和卫生习惯；投放绘本《子儿吐吐》《神奇校车》《肚子里有个火车站》，并在日常生活中提醒幼儿保护好自己的牙齿、胃、肠、注意饮食，养成良好的饮食习惯。

角色扮演：医生和病人。

户外活动：设置“食物哪去了”的探索通道和标识，孩子用走迷宫的方式进行游戏。

美术区：制作卫生间大小便的甲骨文提示牌。

表 2-5 家庭亲子活动

活动目标	活动准备	活动内容	注意事项
1. 对便便有正确的认识 2. 知道不同的便便与饮食的关系 3. 通过活动让幼儿感知食物消化的过程 4. 养成科学饮食的好习惯	1. 提供适合幼儿阅读的有关便便的绘本 2. 粘贴人体消化器官图卡 3. 视频：食物的旅行 4. 身体迷宫的涂卡和场地布置	1. 和孩子一同观看视频：食物的旅行 2. 亲子阅读绘本《神奇校车——食物哪去了》《肚子里的小火车》《听话的便便》《我是便便超人》《我会拉便便》 4. 做游戏：走迷宫	随时关注孩子的兴趣点，及时调整

心跳咚咚咚

主要目标领域：科学　　　　辅助目标领域：健康、语言

【建议目标】

小班

(1) 感知甲骨文字(心)的样子。

(2) 培养幼儿简单的自我保护意识。

中班

(1) 认识甲骨文字(心)，培养孩子探索甲骨文的兴趣。

(2) 懂得关心、爱护自己的身体。

大班

(1) 知道甲骨文字(心)的由来及心脏的重要性。

(2) 了解运动能使心脏跳动的速度加快。

(3) 知道保护心脏的方法。

【活动准备】

心脏挂图，心脏模型，甲骨文字(心)的卡片，一段欢快的音乐，鼓。

【活动过程】

一、心跳咚咚咚

1. 跳一跳

播放音乐，让幼儿在欢快的音乐声中快乐地跳舞。

2. 听一听

幼儿的耳朵贴在相邻幼儿的胸口上，相互倾听心跳的声音，感受心脏的跳动。

二、心脏什么样

1. 看一看

（1）认识心脏在身体的位置和形状，出示挂图和模型（如图 2－15 所示）看一看心脏在身体上的位置（胸腔左侧），说一说心脏是什么形状、大小（和自己的拳头大小相似）。教师帮助幼儿指出自己心脏的位置。

心脏示意图

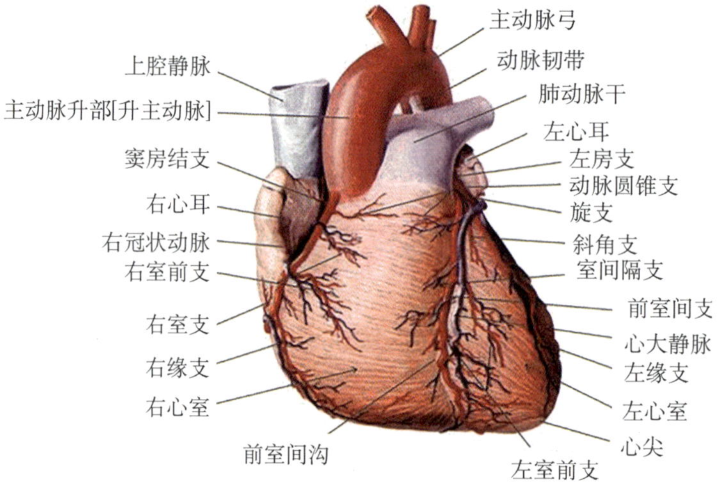

前面观

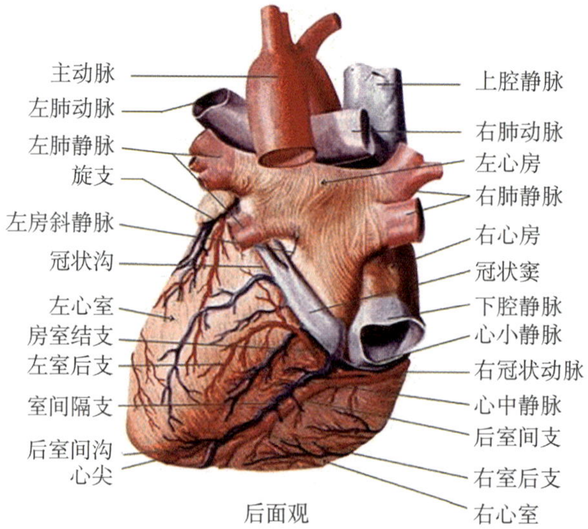

后面观

图 2－15 心脏示意图

(2) 出示甲骨文字（心），引导幼儿认识并了解古人造字的智慧。

甲骨文字（心）是象形文字，字形像包形的内脏器官，里边的两笔代表血管。心脏维持血液在全身循环流动，所有与心相关的字，都是心字旁。古人认为心不光是一个脏器，更是一个主管思维的器官，认为一切思维情感皆由心生，因此产生了如“心心相印”“心花怒放”等成语。

(3) 心脏的功能。

心脏是身体的重要器官，它像人身体的发动机，日夜不停地跳动，这样将血液送到全身各个地方，使身体得到营养物质和氧气，使我们的身体保持健康。

2. 比一比

发现运动后的变化：教师领小朋友户外跑两分钟，然后回到教室，让小朋友相互听听心脏的跳动，摸摸脉搏与安静时有什么不同(心跳变快，脉搏也快，而且更有力)。

三、保护心脏

1. 听指令做游戏

幼儿手持甲骨文字（心）的卡片，教师快速敲鼓并提示：心脏宝宝快速跳，幼儿则快速跳动；当鼓声放慢，幼儿的跳动也放慢，教师可不断变换提示语，如“心脏宝宝慢慢走”“心脏宝宝休息了”，幼儿则快速坐回原位。

2. 说一说

师：如果心脏停止了跳动，人会怎样？

师：我们应怎样保护心脏呢？

小结：我们要经常锻炼身体，让心脏强壮、健康，但小朋友也不能长时间做剧烈运动，那样心脏会劳累。当你们发热或害怕时，心跳会加快，所以不要看恐怖的动画片。发烧时要及时治疗，睡觉时不要趴着睡。只要大家多注意，就能拥有一颗健康的心脏。

【活动延伸】

环境创设：心脏的模型。

角色扮演区：提供听诊器，让小朋友相互听听心脏的跳动，摸摸脉搏的跳动。

科学区：提供人的身体结构图，如关于人体的甲骨文“心、目、鼻、耳、口、齿……”

美术区：投放橡皮泥、彩砂板、彩色纸、剪刀等材料、工具，让幼儿自由表现甲骨文字（心）。

表 2-6　家庭亲子活动

活动目标	活动准备	活动内容	注意事项
1. 通过活动让幼儿感受运动能使心跳加快 2. 养成科学饮食的好习惯 3. 了解保护心脏的方法	1. 家长准备相对安静的环境 2. 粘贴人体器官图 3. 视频：心脏的故事 4. 身体迷宫的涂卡或场地布置 5. 各种运动项目和材料	1. 亲子舞蹈“兔子跳” 2. 测测自己和父母的心跳，听听看父母和自己的有什么不同 3. 讨论怎样保护我们的各个器官，怎样科学饮食和科学运动 4. 跟孩子做游戏，观察、体验运动前和运动后孩子的变化	随时观察孩子的兴趣点，及时调整

舞动的汉字

主要目标领域：科学　　辅助目标领域：健康、语言

【建议目标】

小班

（1）初步感知甲骨文字（舞）。

（2）欣赏音乐，乐于用简单的身体动作表现甲骨文字。

中班

（1）感知甲骨文字（舞）的特点。

（2）感受殷商音乐的韵律，乐于用舞蹈动作表现甲骨文字的美。

大班

（1）认识甲骨文字（舞），了解文字背后的故事。

（2）能用自己的身体动作表现甲骨文字。

（3）感受殷商音乐的韵律，乐于用舞蹈动作大胆表现美和创作美。

【活动准备】

（1）对古代祭祀有了解。

（2）视频选段，花枝每人两根，甲骨文字字卡若干。

（3）音乐《诗经·商颂·玄鸟》。

【活动过程】

一、幼儿欣赏独舞《甲骨文》

1. 看甲骨文摆动作

师：你们认识哪些甲骨文字？试试用我们的身体摆出动作，并互相猜猜是什么字。

幼儿自由选择甲骨文字，用身体摆出动作。

2. 欣赏独舞《甲骨文》

师：有一位舞蹈家跳了一段与甲骨文有关的舞蹈，全世界都为之赞叹，我们一起来欣赏吧！在欣赏的时候看看你喜欢舞蹈里的哪个动作？这个动作像哪个甲骨文字？

欣赏的过程中可以暂停在某个动作上，让幼儿学一学、猜一猜，看这个动作像哪个甲骨文字？

小结：视频里的哥哥跳舞时就像一个个在动的文字！他是一位很有名的舞蹈家——黄豆豆。他在表演舞蹈《甲骨文》时，用自己的身体来模仿甲骨文字，通过舞蹈展现了甲骨文字的美。

二、出示甲骨文，讲解背后的故事

图 2－16　舞动的汉字

1. 了解 (舞)的由来

师：古代的时候，有很多字就是通过观察人的动作而画出来的，在跳舞的时候，古代人就根据跳舞人的姿态造出来“舞”字。

师：你们猜猜看，这个甲骨文字像是人在干什么？手里拿着什么东西？（拿出花枝）为什么要拿着东西呢？

小结：甲骨文的 (舞)就像一个人双手挥动花枝舞动的样子，有的甲骨文在手挥花枝的人的头上加“口”（歌唱），古时候一般在举行祭祀或者一些大型的庆典活动时又唱又跳。挥手作姿叫“舞”，加上腿脚，劈腿跺脚叫“蹈”，成语“手舞足蹈”就是这样来的。那么古人跳舞时什么样子？会做哪些动作？

2. 感受乐器演奏的特点

师：我们先听一段古乐，可以边听边学一学古人跳舞的样子。

师：音乐里面有什么乐器的声音？你听了这段音乐有什么感受？

师：这里面的乐器是楚商编钟，编钟是我国发现的最早的乐器。里面还有古琴、古筝、二胡，这些乐器的配合演奏听起来感觉很悠扬、流畅，让人感觉心情平静、舒服。

师：老师给小朋友们也准备了花枝，我们拿着花枝跟随着这么美的音乐舞动起来吧！

3. 幼儿与老师拿花枝跟随音乐舞动

三、展示与欣赏，用身体摆出甲骨文

1. 激发幼儿创编舞蹈动作的兴趣

师：刚才我们是学古人跳舞，你们想不想像黄豆豆大哥哥一样用自己的身体动作来创编一段甲骨文舞蹈？

教师引导幼儿把准备好的甲骨文字编进舞蹈里。（幼儿自由进行动作创编）

2. 表演自创的甲骨文舞蹈

师：5 月 18 号是国际博物馆日，会有许多的外国客人来我们安阳参观，作为小主人，我们应该把安阳特有的文字文化介绍给他们，把大家创编的甲骨文舞蹈展示给他们看。

幼儿跟随古乐的节拍，展示自编的甲骨文舞蹈……

小结：一片甲骨惊天下，安阳是甲骨文的故乡，甲骨文是我们民族的瑰宝，作为安阳人我们更应该感到骄傲和自豪。

【活动延伸】

语言区：教师为幼儿提供若干张已认识的甲骨文字订正卡和甲骨文字的拼摆卡，幼儿可以自选进行拼摆并最后订正拼摆得是否正确。

角色扮演区：花枝、纱巾、傩舞的道具及相关音乐。

美术区：各种甲骨文字的艺术品，不同的操作材料。

表 2 - 7　家庭亲子活动

活动目标	活动准备	活动内容	注意事项
1. 培养幼儿乐于表达表现的能力 2. 摆出甲骨文字培养孩子的合作意识	1. 商舞的音乐 2. 常见字的字卡 3. 表演道具	1. 听音乐，家长和宝贝一起玩翩翩起舞的游戏，在舞蹈中感受商乐的特点 2. 在亲子游戏中练习拼摆甲骨文字卡	随时关注孩子的兴趣点，及时调整

我爱洗手——盥

主要目标领域：健康　　　　辅助目标领域：语言

【建议目标】

小班

(1) 初步认识甲骨文字(盥)的字形特征。

(2) 养成饭前便后洗手的好习惯。

中班

(1) 理解甲骨文字(盥)的含义。

(2) 养成正确的洗手方法。

大班

(1) 能描画甲骨文字(盥)，并会学唱相关的歌曲。

(2) 知道勤洗手能减少生病，养成讲卫生的好习惯。

【活动准备】

(1) 幼儿已有洗手的初步经验，会用肥皂，能说出洗手的儿歌。

(2) 洗手盆 2 个、毛巾、肥皂、PPT 课件、洗手 7 步法图片、《洗手歌》音乐、洗手液、一袋好吃的东西或水果。

(3) 水壶、塑料盆，古人洗手使用的器皿图片——“匜(yí)”和“盘”。

【活动过程】

一、出示洗手的图片引出活动

1. 幼儿观察图片自由表达

师：这张图片里的小朋友在干什么？你会洗手吗？什么时候需要洗手？

图 2-17　小朋友洗手

2. 认识甲骨文字(盥),了解古代人洗手的工具和方法

师：小朋友们都知道饭前便后要洗手，才能不生病。那很早以前的人是怎么洗手的呢？我们来看一幅画，它会告诉小朋友的。

（1）出示第一张 PPT。

你们发现古人洗手的秘密了吗？幼儿在观察的基础上自由表达自己的发现（手伸进一个像盆子一样的东西里洗手）。

（2）出示图片，认识古人洗手的工具——“匜”和“盘”。

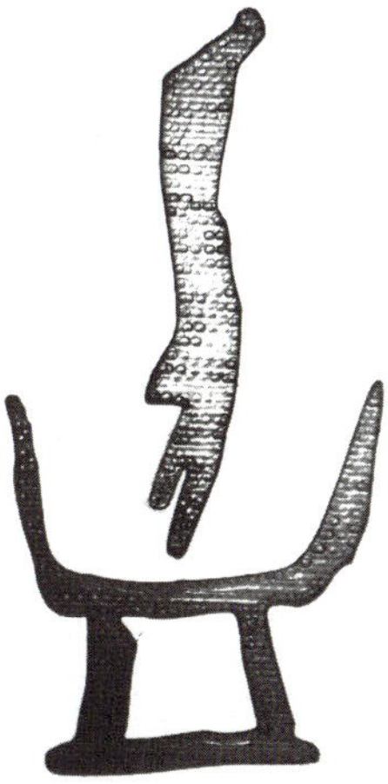

图 2-18　“盥”的甲骨文

图 2-19　匜

图 2-20　盘

师：这是什么？“匜”和“盘”。

在很早以前是没有水管、水龙头的，不能直接在水龙头下洗手，所以他们就用“匜”往手上浇水；“盘”用来接洗手时洒下来的水。是不是跟我们平时洗手很像呢？

（3）展示古人洗手的方法。

配班老师和一名幼儿一起演示古人洗手方法：用壶一样的器皿盛水后倒在手上洗手，水会流进下面的盘里。这就是以前人们洗手的方式，它也是最早的甲骨文字的写法。

小结：（盥）表示一只朝下的手伸进水盆洗手的意思。所以盥洗室、盥洗台都是和洗手有关的地方。甲骨文字（盥）告诉我们：在很久很久以前，人们就知道勤洗手、讲卫生。

二、表演《洗手歌》

师：你们愿意做勤洗手、讲卫生的孩子吗？让我们一起跟着音乐表演《洗手歌》吧！

教师和幼儿一起跟随音乐有节奏地表演：花花流水清又清，洗洗小手讲卫生，大家伸出手儿比一比，看谁洗得最干净。

三、创设情境，实践操作

1. 出示PPT，在音乐中练习正确的洗手方法

师：请小朋友们看着图片，跟随音乐练习正确的洗手吧！

2. 教师带领幼儿到盥洗间洗手，准备分享好吃的水果

师：老师这里有许多好吃的水果，你们想吃吗？那我们就用刚才学到的方法将自己的小手洗干净，然后到老师那里领水果吧！

幼儿唱着《洗手歌》有序到盥洗间洗手，然后领取水果……

今天我们不仅认识了甲骨文（盥），还知道“盥”是洗手的意思。每天把小手洗得干干净净，手上没有细菌，我们就能健健康康地成长。

【活动延伸】

教师要提醒幼儿餐前、餐后、如厕后和户外游戏后及时洗手，保育老师则每天关注幼儿在盥洗室洗手情况。活动后可带领幼儿观看故事视频《一定要洗手》。

饭前说唱洗手儿歌：“排好队，向前走。做什么？去洗手。小肥皂，搓搓手；自来水，冲冲手；小毛巾，擦擦手。干干净净一双手，我们大家拍拍手。”

表2-8　家庭亲子活动

活动目标	活动准备	活动内容	注意事项
1. 能感受到洗手的快乐 2. 喜欢洗手，知道勤洗手才能少生病 3. 从小养成勤洗手、讲卫生的好习惯	1. 洗手的物品——肥皂、毛巾 2. 有关洗手的动画片 3. 洗手七部曲的图片及所需物品	1. 家长提醒幼儿餐前、餐后要洗手，可以边洗手边和幼儿说洗手的儿歌（观看故事视频《一定要洗手》） 2. 亲子活动时可以让家长协助幼儿在洗手的过程中学会说儿歌，练习唱歌曲《洗手歌》，观看有关洗手的动画片 3. 家长和幼儿一起说唱《洗手歌》，让幼儿能在亲子活动中感受洗手的快乐 4. 大班段家长可以和孩子讨论：为什么要洗手？洗手的好处是什么？什么时候要洗手？ 5. 学习七步洗手法儿歌，也可观看视频	1. 洗手时先挽袖子，撸起来，注意泡泡不要弄到眼睛里 2. 洗完手要学会在水池里甩三下，保持地面干净 3. 洗手时家长提醒孩子洗手的七个步骤，让其形成习惯

我爱洗澡——浴

主要目标领域：健康　　　　辅助目标领域：语言

【建议目标】

小班

（1）感知甲骨文字 （浴），对甲骨文感兴趣。

（2）喜欢洗澡，愿意做讲卫生的好孩子。

中班

（1）知道甲骨文字 （浴）是洗澡的意思，了解古代沐浴的工具。

（2）能找到现代使用的沐浴工具。

（3）养成良好的卫生习惯。

大班

（1）了解 （浴）这个甲骨文的由来。

（2）知道沐浴不仅是一种好习惯，也是一种礼仪。

【活动准备】

（1）音乐《我爱洗澡》。

（2）收集洗澡的必备物品及照片（浴室、浴缸、浴盆、洗澡巾、浴花、浴袍、浴巾、浴帽、浴场、浴罩、浴霸、浴帘……）

【活动过程】

一、出示物品或图片引出活动

师：这些物品和我们将要讲到的事情有关，你们能猜到吗？你们什么时候会洗澡？（出汗多时、身上脏时、身上痒时、夏季容易出汗时。）

图 2－21　浴室

二、感受（浴）的由来和意义

图 2－22　甲骨文“浴”

1. 古代的人是怎么洗澡的呢？

出示图片（图 2－22），一个人站在容器里，四周溅出了许多的水花。他在干嘛呢？（洗澡）古人洗澡叫“浴”，图中是甲骨文的“浴”，聪明的古人在创造甲骨文字时，形象地将一个人洗澡的样子画了出来，让人一看，就知道是“浴”。古人洗澡不仅是讲卫生，也是一种礼仪。当他们需要接待客人时，总会先洗澡并换上干净的衣服，他们称为“沐浴更衣”。所以说我们的先人不仅讲卫生，还非常懂礼貌啊！

2. 寻找（浴）字延续的痕迹

我们称洗澡的地方为“浴池”，还有许多跟洗澡有关的物品都带有浴字呢！请小朋友赶快把它们找出来吧。

幼儿从众多的图片中找出“浴缸、浴花、浴盆、浴霸、浴帘、浴袍、浴巾”贴到黑板上。这都来源于古人创造的“浴”字，也说明浴和洗澡是密不可分的关系。

三、跟着音乐来沐浴

放《我爱洗澡》的音乐，孩子们跟着音乐一起做洗澡的律动……

四、通过丢手绢的游戏，巩固幼儿对“浴”字的认知

每个小朋友的前后背上，都有一个甲骨文字，教师选出一名带有“浴”字的幼儿，请他一定要把手帕放到背后有“浴”字的幼儿后面，其他幼儿伴唱歌曲《丢手绢》。等拿手绢的幼儿将手绢放到另一名有甲骨文“浴”字的幼儿背后，这名觉察到的幼儿拿起手绢要迅速追上丢手绢的幼儿，抓到后进行对照，如果一样，丢手绢的幼儿就表演一个洗澡的动作，错了就换另一名幼儿来丢手绢。游戏中幼儿之间可交换身上的甲骨文字。

小结：今天的活动让我们知道“浴”在 3 000 多年前是洗澡的意思，直到今天我们还在沿用这个字，这个字还告诉我们勤洗澡才能做讲卫生的好宝宝。

【活动延伸】

在活动当天的自主游戏活动时间，教师可提前在表演区为幼儿准备制作好的“盥”“洗”的甲骨文单张图片各 1 张，医生服装一套，医生用具一套。预设的幼儿病人 3～4 人，设置情景活动：几位小朋友因为不爱洗手、不爱洗澡生病了，来找医生进行诊治。幼儿医生出示准备好的甲骨文，讲解给生病的幼儿，并告知正确的洗澡要求，提醒生病的小朋友以后要养成良好的卫生习惯。

表 2-9　家庭亲子活动

活动目标	活动准备	活动内容	注意事项
1. 愿意洗澡，喜欢洗澡 2. 探索水中能漂浮的物品 3. 从小养成勤洗澡讲卫生的好习惯	1. 洗澡时用到的物品——沐浴露、浴花、洗头帽、浴巾 2. 音乐：我爱洗澡	1. 家长和幼儿一起洗澡时可以边洗澡边和幼儿玩泡泡、说洗澡儿歌 2. 亲子活动可以让家长协助幼儿先洗头，再洗身体，在洗的过程中学会说儿歌，练习唱歌曲《我爱洗澡》 3. 和家长一起寻找家里和洗澡有关的物品，知道勤洗澡是讲卫生的表现 4. 大班段家长可以和孩子讨论最喜欢去哪里洗澡，洗澡时探索生活中什么物品能漂浮	1. 洗澡时注意泡泡不要弄到眼睛里 2. 洗完澡要及时擦干身体，不能在风扇下吹，以防感冒 3. 大班段的幼儿洗澡时家长要让孩子知道男女有别

第三章　甲骨文中的大社会

甲骨文中的大社会

- 我的家
  - 温暖的家
  - 幸福一家人
  - 爱的保护
  - 百善孝为先
- 社会中的人
  - 勤劳有礼的中国人
  - 男孩儿、女孩儿
  - 女英雄——妇好
  - 姓氏的秘密

第一节 我的家

社会是人类生存的大环境，家是社会的组成部分，也是孩子熟悉、温暖的地方。本节从甲骨文的“家”字入手，通过感受来自亲人的关心爱护，学会感恩。让幼儿在积极、健康的人际关系中获得安全感和信任感，发展自尊和自信。通过对甲骨文的学习，让幼儿形成基本的文化认同感和归属感。

温暖的家

主要目标领域：语言　　　　辅助目标领域：社会

【建议目标】

小班

(1) 初步感知甲骨文字(家)的字形。
(2) 能准确找到不同动物的家。
(3) 激发幼儿爱家的情感。

中班

(1) 理解甲骨文字(家)的含义。
(2) 引导幼儿探索自然界中不同的家。
(3) 激发幼儿浓浓的爱家情感。

大班

(1) 理解长期生活居住的地方就是家，整体认知甲骨文字(家)的字形和含义。
(2) 提升幼儿的语言能力，尝试创编儿歌，并配乐朗诵。
(3) 激发幼儿对甲骨文的探究兴趣，升华对家的热爱之情。

【活动准备】

(1) 一块画有蓝天、池塘、陆地、草原、大树的背景画板。
(2) 猴子、小马、蚯蚓、蚂蚁、小鸟等动物的图卡。
(3) 活动 PPT，一段温馨的音乐。
(4) 幼儿对甲骨文字(豕，即猪)有前期的认知。

【活动过程】

一、创设谈话环境，引出话题——家

图 3－1　温暖的家

出示家的图片，引导幼儿观察并初步认识家。

师：谁来说一说，你看到了什么呀？

幼：房子、别墅。

师：它们有什么作用呢？

幼：住的、生活的。

小结：通常我们把长期生活居住的房子叫“家”。

师：你们的家都是什么样的？

幼儿自由表述……

师：你什么时候最想回到家？回家里做什么？

幼：累的时候可以躺在床上休息一下；饿了可以回家吃奶奶做的美味的饭菜；下雨的时候可以在家里避雨，不被淋湿。

小结：家有了屋顶，我们就不再担心风吹雨打；家里有了灯，我们就不再怕黑；当你疲惫了、累了，可以躺在床上美美地睡一觉，顺便做个甜美的梦。家是有爷爷奶奶、爸爸妈妈的地方，让我们感觉到快乐、温暖和幸福。

图 3－2　幼儿观察与讨论

二、出示甲骨文字（家），认知甲骨文字（家）的字形和含义

师：这就是甲骨文字（家）。

师：这个“家”字为什么是这样写的呢？

幼：（家）的外边像墙一样。

师：（家）的里边住的是谁呢？

幼：猪。

师：为什么甲骨文字（家）里会住着一只小猪呢？

（家）是房屋里住着一头大腹便便的（猪）。猪是温顺、繁殖力旺盛的动物。对古人来说，圈养的猪能提供食物安全感，因此养猪变成了定居生活的标志，直到现在还有人在家里养猪呢。

小结："家"就是安全、温暖、有食物吃、有爱的地方。

三、 自然界万物的"家"

不只是我们人类有家，自然界的万物都有适合自己生活和居住的家，现在我们一起去看看吧！

1. 找一找

师：这是一幅画，画里有天空、池塘、草原、大树，请小朋友每个人选择一张图卡，并帮助图卡上的小动物找一找它的家。

图 3－3　我帮小动物找家

2. 说一说

教师示范，手指着天空上小鸟的位置，说出下面的句式：小鸟的家是天空，它可以自由地飞翔。请幼儿模仿句式自由讲述，例如：猴子的家是大树，它可以快乐地荡秋千，荡来荡去。

3. 配乐朗诵

音乐中，师、幼一起尝试朗诵幼儿按照句式描述的内容，完成儿歌的创编。

总结：无论是我们，还是小动物，都有自己的家。家让我们感觉到幸福、快乐、温暖、安全，我们爱我们的家。

四、 结束部分

让我们一起去搭建自己的家吧。

【活动延伸】

语言区：抽照片，猜名字。准备放有幼儿全家福的盒子，幼儿抽照片，抽到照片后，请说一说是哪位小朋友的家人，他们和小朋友是什么关系。最后，再请被抽到全家福的小朋友来介绍一下自己的家人。

美工区：甲骨文字（家）拓印。准备宣纸、拓包、油墨、滚轮、拓板。幼儿用滚轮沾上油墨，均匀地滚在拓板上，将宣纸铺在拓板上，用拓包轻轻地拓纸，使油墨和字体轮廓更均匀地拓印到纸上。可以尝试装饰拓印好的作品，让作品更具艺术性。

益智区：拼一拼，我的家。准备一些平面图形和一些家的图片，幼儿可以尝试用几何图形来拼一拼自己的家或图片里的家。

表 3-1　家庭亲子活动

活动目标	活动准备	活动内容	注意事项
1. 促进亲子关系，培养亲子协作能力 2. 认识常见的甲骨文字	带磁铁的字卡、带磁铁的儿童玩具——钓鱼竿	1. 把已经认识的甲骨文字卡做成鱼的造型散放在地上[含有甲骨文字（家）]让孩子去“钓”，钓来一个字卡后认知上面的字形或字意 2. 成人说出一个字让孩子找到相应的甲骨文，钓上来并读出那个字 3. 也可以几个孩子同时玩钓鱼的游戏	家人在游戏时要给予幼儿适时的鼓励

幸福一家人

主要目标领域：社会　　　　辅助目标领域：语言

【建议目标】

小班

(1) 初步感知甲骨文字（父）、（母）的字形。

(2) 引导幼儿用简单的动作表达对父母的爱。

(3) 激发幼儿爱父母的情感。

中班

(1) 了解甲骨文字（父）、（母）、（子）的由来。

(2) 引导幼儿能在音乐中用动作表现家人之间的亲密。

(3) 激发幼儿爱父母、尊敬父母的情感。

大班

(1) 了解甲骨文字（父）、（母）、（子）的含义。

(2) 能用完整的语言描述父母的特点。

(3) 感受亲子之间的关系，懂得感恩父母。

【活动准备】

全家福一张，甲骨文字（父）、（母）、（子）的图片，音乐《相亲相爱一家人》。

【活动过程】

一、出示“全家福”照片（如图3－4）

图3－4　全家福

师：这是一张全家福，上面都是谁呢？

幼：美美和她的爸爸、妈妈。

师：小朋友们也有自己的爸爸妈妈，你们知道爸爸妈妈还有一种称呼是什么吗？

幼：父亲、母亲。

二、幼儿描述爸爸、妈妈和自己，认识甲骨文父、母、子

1. 说一说

师：谁能说一说你心中的爸爸是什么样的？

幼：我的爸爸高大、强壮、有力气、能干！

师：谁能用动作来模仿或者表现爸爸的样子呢？

幼儿自主表达。

师：哦，原来小朋友们心中的爸爸都是不一样的。爸爸还有另外一种称呼是“父亲”，请小朋友们看看甲骨文的“父”字是什么样子的？

2. 认识(父)

出示甲骨文字(父)，教师讲解：(父)是“斧”的本字。

父，古时候的男人手上持握的石斧或石凿之类的工具，他们经常猎捕或劳动。远古时代人们利用工具进行体力劳动，所以受到特别的尊重，因此“父”是古人对从事劳动的男子的尊称。是人握石斧的状态，是有力量的，有创造力的，是主导人类社会发展方向的，也代表着权力、责任、传承与未来。

分析的外形。引导幼儿观察，就像一个人手里握着权杖，象征着父亲在家庭中的权威和引领作用，体现出爸爸在家庭中的重要性。

3. 认识(母)

出示甲骨文字(母)。引导幼儿观察发现(母)是在“女”字的胸部位置有两点，表示妇女因生育而发达的两乳，像是刚刚生完宝宝正在哺乳孩子的女人。

引导小朋友们说一说妈妈是怎么爱自己的，体验母爱。

4. 认识(子)

出示甲骨文字(子)，带领幼儿一起认识、分析、理解。

(子)的甲骨文字像一幅幼儿的线描，画出了幼儿的脑袋、身体、手臂。像幼儿两脚被裹在襁褓里，露出脑袋，挥动两臂，刚刚出生的孩子不能独立；像坐在凳子上的小孩，挥动着

两手。

三、幼儿听音乐《相亲相爱一家人》

（1）请小朋友们听音乐，感受歌曲中描绘的情景。

（2）三人一组，尝试表演音乐中一家人的场景。

【活动延伸】

语言区：拼摆甲骨文。一个完整的甲骨文字从中间以不规则线条分成两半。幼儿操作时将甲骨文字的碎片进行拼摆，拼摆的过程中会发现一些相类似的部分，要提醒幼儿进行区分，组成甲骨文字后，与正确的甲骨文字做对应。

看甲骨文讲故事。把幼儿已有经验的甲骨文字制作成“甲骨扑克”，请幼儿从“甲骨扑克”中抽取1～3张，创编故事，并在小舞台上讲述。教师可针对幼儿讲述故事的内容及方式方法进行调整和完善，做出针对性评价，引导幼儿更加完整地讲述。

美工区：甲骨文刻画。幼儿用刻刀在仿龟甲上刻画甲骨文字，体验甲骨文字的记录过程。幼儿用刻刀前，教师要示范正确的使用方法，并及时关注。

角色扮演区：亲亲一家人。幼儿扮演家庭成员（抽取代表角色的甲骨文），教师帮助幼儿找到不同角色的特点，并及时鼓励。

表3-2　家庭亲子活动

活动目标	活动准备	活动内容	注意事项
1. 促进亲子关系，培养亲子协作能力 2. 感受家庭的温馨，激发对家的热爱之情	父母的衣服、幼儿的衣服各一套	1. 请爸爸妈妈任意一方来做孩子，幼儿做爸爸或妈妈。模仿爸爸妈妈每天怎样照顾幼儿，比如：做饭、穿衣服、陪孩子游戏、上幼儿园等 2. 进行下列其中一项情景游戏，如：帮助孩子起床穿衣服、做饭、选择工具车、送孩子去上幼儿园等	活动要全家一起参与；游戏中爸爸妈妈要表演得有童趣

爱的保护

主要目标领域：社会　　辅助目标领域：语言

【建议目标】

小班

（1）幼儿知道简单的自我保护的方法。

(2) 初步感知甲骨文字 (保)的字形特征。

中班

(1) 了解甲骨文字 (保)的由来。

(2) 在实际生活中会用简单的方法保护自己。

(3) 感受体验成人对自己的爱。

大班

(1) 认识甲骨文字 (保)的字形和意义。

(2) 激发幼儿对自我保护方法的探索兴趣。

(3) 幼儿能感受到成人对自己的保护是一种爱。

【活动准备】

(1) 音乐欣赏歌曲《宝贝自护歌》。

(2) 关于自我保护的图片：遭遇伤害、拒绝陌生人、一个人在家时候、古代时妈妈保护孩子。

【活动过程】

一、出示图片，理解 (保)的字形和含义

师：你看到图片中妈妈在做什么动作？（把孩子背在身后）

师：在很早以前，父母们怕自己的孩子遭遇伤害，所以在父母外出和下地务农时，都会把孩子背在自己的背上。背起孩子也是对孩子最好的保护方法。

师：你们的爸爸妈妈有这样背过你们吗？他们在什么时候会背你呢？

师：请小朋友模仿一下图片上的动作。

总结：在你们很小的时候爸爸妈妈会做很多动作来保护你们，比如抱着你、背着你等。相信直到现在你们的爸爸妈妈还会抱你、背你。不管在任何地方只要你需要爸爸妈妈时，他们都会第一时间保护你、爱护你。

图 3-5　古代妈妈保护孩子

二、尝试画出 (保)的字形和结构

师：今天老师给你们准备了色沙，现在请你们画出甲骨文字 (保)。

画完进行评价和分析。（在幼儿进行活动时老师要给予幼儿指导和鼓励。）

总结：我们刚才欣赏图片，了解了如何进行自我保护，还认识了甲骨文字（保），最后还尝试画出来，接下来我们一起来学一首自我保护的儿歌吧！

三、探索自我保护的方法

图 3-6　遭遇伤害

今天，老师给小朋友带来了几张图片，我们一起来看看吧！

1. 遭遇伤害时怎么办？

师：你看到图片上都有谁？他们在做什么动作？（请幼儿自主表述。）

总结：当有陌生人要伤害你的时候，你要大声呼救。当遇到困难或者危险的时候，要大声呼救和逃跑。一方面可以吓走坏人，另一方面也可以引起周围人的关注，避免危险和伤害。

2. 遇到陌生人怎么办？

师：小朋友，你看图片上都有谁？他们在做什么事情？

幼：陌生人要给这两位小朋友物品，小朋友摆手说不要。

总结：小朋友们要学会拒绝陌生人给的食物和饮料，不坐陌生人的汽车，不轻易和陌生人走，感觉不对时，要大声呼救或者迅速离开。

图 3-7　拒绝陌生人

图 3-8　独自在家的时候

3. 独自在家时怎么办？

师：你看到图片上都有谁？他们在做什么动作？（请幼儿发言。）

总结：当小朋友一个人在家的时候，有人敲门，你要先问清楚是谁，在防盗门猫眼处看一下是否是你认识的人，即使是你认识的人，也要先给爸爸妈妈打电话告知他们。如果不是你认识的人，千万不要给他开门，也要第一时间给爸爸妈妈打电话寻求帮助。

四、歌曲导入《宝贝自护歌》

（1）今天老师给大家带来一首歌曲，歌曲的名字叫做《宝贝自护歌》。

（2）老师播放歌曲，幼儿倾听。

（3）教师结合歌曲内容提问：歌曲里我们都需要哪些保护？

总结：虽然爸爸妈妈会时时刻刻地保护我们，但是我们也要学会自我保护。在遇到坏人和困难的时候不要哭、不要慌张，一定要学会寻求帮助。

【活动延伸】

美工区：通过不同材料，例如色沙、彩泥等，描摹或者画出甲骨文字“（保）”。

建构区：拼插积木。用积木对喜欢的甲骨文进行拼插。幼儿体验的过程中，不仅可以了解甲骨文的特点及其背后的故事，还可以完成手眼协调以及小肢体动作的发展。

表 3-3 家庭亲子活动

活动目标	活动准备	活动内容	注意事项
1. 培养身体平衡和自我控制的能力 2. 体验与家人在一起游戏的快乐	1. 每人 1 个布娃娃和背带 2. 独木桥、正方形木板、拱形门 3. 每人 1 块地垫，舒适的音乐	1. 参加比赛的家庭成员围坐在餐桌旁与幼儿一起聊天，每位家庭成员分享自己最想去什么地方冒险，如果去冒险会经历什么事情 2. 其中一位家长讲一个关于冒险的故事，将游戏场地布置得和故事中的场地类似，给幼儿一种身临其境的感觉 3. 将布娃娃背在身后，每一位参加比赛的成员都要经过木板、独木桥、拱形门等障碍，同时也要保护好布娃娃，布娃娃不允许被掉落，脚不允许踩在地面上 4. 活动结束后请参加比赛的成员在地垫上进行放松动作	1. 各位家庭成员在活动中要给予幼儿适当鼓励 2. 在游戏中要注意设施的高度，要符合幼儿年龄特点的同时设施也要安全，保证幼儿在游戏中的安全 3. 对于中、大班幼儿，在准备材料和制定规则上可以相对难一些，这样不仅调动幼儿游戏的积极性也能够加大肢体动作的练习

百善孝为先

主要目标领域：社会　　　　辅助目标领域：语言、艺术

【建议目标】

小班

（1）感知甲骨文字（孕）的字形特点。

（2）能用身体摆出喜欢的甲骨文字。

（3）产生爱妈妈的情感。

中班

（1）初步了解甲骨文（孕）（老）象形字的特点，感受古人造字的智慧。

（2）感受妈妈的爱，会帮妈妈做力所能及的事。

(3) 体会妈妈养育自己的辛劳。

大班

(1) 了解甲骨文字(孕)(老)(孝)的特点,感受古人造字的智慧。

(2) 尝试用自己的方式表达孝心。

(3) 知道爱无处不在,并懂得对身边的人感恩。

【活动准备】

(1) 课件、笔、纸、胶棒,提前准备好(子)、(人)、(老)、(孕)、(孝)的甲骨文字,并将每个字剪成三部分。

(2) 有认识甲骨文(子)(人)的经验。

【活动过程】

一、认识甲骨文,感受古人造字的智慧

看甲骨文猜字(孩子有经验的字)——(子)、(人)。

二、故事识甲骨,体验生命成长的历程

1. 生命初体验,感知“孕”的含义

师:每个人都是从小慢慢长大的,孩子们,你们知道你是从哪来的吗?(妈妈肚子里)

出示甲骨文字(孕),观察怀孕时妈妈的样子。(肚子鼓鼓的,里面有个小宝宝。)

出示甲骨文(孕),介绍字形,这就是甲骨文字(孕)。

师:当我们在妈妈肚子里的时候,你们觉得妈妈辛苦吗?(肚子大大的,很重。)

小结:在妈妈小心翼翼的保护下,伴着你们清亮的哭声,你们出生啦!在爸爸妈妈的爱护下,你们慢慢长成为一个大孩子。

2. 感知“老”的含义

(1) 出示老人的图片。

师:慢慢地,我们长大了,而我们的爸爸妈妈也在慢慢变老了(佝偻了脊背,腿脚不方便,头发花白,用上了拐杖)。

(2) 出示三个甲骨文字。

师:你们觉得哪个是甲骨文的“老”字,为什么?

(休),(老),(保)。

3. 理解“孝”字的含义

(1) 出示“老”和“孝”的甲骨文字(老)、(孝)。

观察变化:甲骨文字左下角的“拐杖”变成了“孩子”。

小结：因为有了我们的照顾，他们的老年生活才能变得幸福、快乐。

（2）探讨照顾老人的方式方法。

师：他们老了，我们该怎么办呢？如何照顾他们？（请小朋友们说一说。）

三、文字游戏，体验造字的智慧

将甲骨文字剪成碎片，幼儿进行组合，体验造字的智慧（如图 3－9，幼儿在拼贴甲骨文字）。

教师将剪好的甲骨文字碎片散放在教室各角落，请幼儿寻找“宝藏”（甲骨文字碎片），并三人合作拼出一个甲骨文字，然后黏贴在卡纸上，最后把完成的作品贴在黑板上。

图 3－9　拼贴甲骨文字

四、激情任务，感受甲骨文带来的乐趣

1. 画甲骨文字

孩子们临摹甲骨文字的同时也可以进行艺术创作，完成一幅作品，并用来进行环境创设。

图 3－10　画甲骨文字

图 3－11　讲故事

2. 讲故事

用甲骨文字讲故事：幼儿可以讲甲骨文背后的故事，也可以根据已有的甲骨文字进行创编故事并分享。

小结：孝敬老人是我们中华民族的传统美德，古人就有“二十四孝”的故事，他们卧冰求鲤、负米养亲。希望我们大家都能用自己的实际行动向身边的老人送去我们的关心和照顾，让老人们在寒冷的日子里也能感受到浓浓的爱和温暖。

五、甲骨连线，情感升华

（结合课件分享，当我们还在妈妈肚子里时，妈妈历经艰辛并且冒着生命的危险将我们孕（出示甲骨文“孕”字）育。我们终于出生了，成长为一个优秀的孩子，妈妈依然用尽全力在保护着我们不受到伤害。渐渐地，他们老（出示甲骨文“老”字）了，但是没关系，因为我们长大了，可以像他们照顾我们一样去孝(出示甲骨文“孝”字)敬他们，陪伴他们，成为一个有孝心的人。孩子们，什么时候都不要忘记父母对我们的养育之恩，让我们用实际行动向他们表达我们自己的孝敬之情吧。

【活动延伸】

语言区：(1)“二十四孝”故事。投放“二十四孝”故事视频或音频，播放器、耳机、录音机。请幼儿看视频、听音频，鼓励幼儿经过真实的听和看以及讨论，引导他们回忆生活中是怎么做的。

(2) 看甲骨文讲故事。投放甲骨文字扑克牌、讲故事的小舞台和麦克风，请幼儿从“甲骨扑克”中抽取 1～3 张甲骨文字，创编故事，在小舞台上讲述(也可以讲述“二十四孝”故事中的内容)。可以针对幼儿讲述故事内容及方式方法进行调整和完善，做出针对性评价，引导幼儿更完整地讲述。

美工区：甲骨拓印。投放甲骨文字的模板、拓片、颜料和纸，请幼儿选择自己喜欢的颜色和甲骨文字进行拓印。建议老师针对甲骨文相关区域活动中出现的闪光点和不足，在区域活动评价与反馈环节作为重点，并及时根据幼儿兴趣调整材料的投放数量及种类。

角色扮演区：“怀孕”体验。投放抱枕、有重量的背包作为幼儿活动的道具。请幼儿利用抱枕或背包，体验妈妈怀胎十月的过程。建议幼儿体验的过程不要局限于角色扮演的时间，可以延伸到一日生活的所有环节，体会时间的漫长及怀胎的艰辛。

表 3-4　家庭亲子活动

活动目标	活动准备	活动内容	注意事项
1. 体验“孝”字的含义，并学会如何用自己的方式孝敬老人 2. 了解古时候人的孝敬方式，并知道为什么要拥有孝的美德 3. 增强亲子关系	1. “二十四孝”故事 2. 孝敬老人的绘本 3. “孝敬老人的方式”记录表 4. 家长孝敬老人的榜样行为	1. 每天亲子阅读的时间，可以和孩子一起讲述与孝敬有关的绘本以及我们古人的“二十四孝”故事 2. 将平时孩子的一些孝敬老人的行为在记录表上做记录 3. 家长要在日常生活中为孩子做好榜样	1. “二十四孝”故事离孩子的生活比较远，孩子了解就好，不要过多解释 2. 孝敬应该是生活中的常态行为，不能只在活动阶段做，让孝敬老人成为每个人的习惯

第二节 社会中的人

人类是最具灵性的高级动物，古人造字的智慧充分体现了人在万物中的特殊意义。人类聪明勇敢、勤劳有礼，这些优良品质，应该在孩子们身上得到传承。希望幼儿在认识甲骨文“人”字的过程中能愉悦地接纳自己，欣赏异性的优点，并在学习甲骨文的过程中对中国的姓氏文化产生兴趣，培养他们热爱祖国文化的情感。

勤劳有礼的中国人

主要目标领域：社会　　　　辅助目标领域：艺术

【建议目标】

小班

(1) 用肢体动作模仿甲骨文字（人）的字形，感知甲骨文字（人）。

(2) 培养懂礼貌的情感。

中班

(1) 知道安阳是甲骨文的发现地，认识简单甲骨文字（人）。

(2) 愿意用动作表现甲骨文字，加深对甲骨文字的认识。

(3) 激发懂礼貌、爱劳动的情感。

大班

(1) 尝试自己动手临摹甲骨文字（人），了解两个（人）、三个（人）会组成新的甲骨文字，并知道新字的由来和造字过程。

(2) 喜欢学习甲骨文，愿意做勤劳有礼的人。

【活动准备】

(1) 参观殷墟和安阳文字博物馆，从文字起源的开始让幼儿了解甲骨文的由来。

(2) 认识简单的汉字“人”。

(3) 准备简单的甲骨文图片，图片中要有（人）。

(4) 绘画用的纸、笔、墨。

(5) 古典歌曲、绘画背景乐。

【活动过程】

一、了解(人)的由来

1. 谈话导入

组织幼儿穿上古汉服对老师行揖礼打招呼,进入古时候的场景谈话。

在前期绘画的基础上,拿出有代表性的画与幼儿一同讨论人体结构及人的形象。

2. 引导发现

师:美术活动的时候,我邀请小朋友画了一些线条小人(小小人),请小朋友一起来欣赏一下。

师:(指着第一幅画)你觉得这幅画上的小人在做什么呢?小朋友讲出动作,请其他小朋友模仿它的动作(四幅图画都模仿一下)。

幼儿根据自己看到的动作进行表演。

师:大家欣赏完了小朋友的画,老师这里也有一幅画,请大家一起来欣赏一下。(出示(人)的甲骨文画)你们觉得我的画像什么呢?

有经验的幼儿直接会说"人"字,如果幼儿没有讲出来,老师可以直接定义,我画的也是一个"人"字。

师:说一说,为什么你觉得是个"人"字呢?你在哪里见过?你觉得这个人在干什么?

幼儿回答出不同的答案,教师可以引出甲骨文。如果幼儿没有回答出相近的答案,老师可以回答:我的画上也是一个人,但它表示的是一个字,这是甲骨文中的"人"字。

3. 小结

这些文字都是甲骨文,安阳就是甲骨文的发源地,一片甲骨惊天下,第一个甲骨文字就是在河南安阳发现的。

二、与幼儿一起了解(人)的意义

师:我们从大屏幕中清晰地看一下这个甲骨文中的(人),请小朋友来观察一下这个字,小朋友觉得我们的古人为什么要把(人)画成这个样子呢?它看起来像一个人在干什么?你觉得跟我们人的哪些动作有关系呢?

幼儿说出不同的答案。

师:你们表达得很准确,也很形象。那为什么不是蹲着的、躺着的人,而要用站着的人来表示呢?

幼:这样看起来很高,好看……

师:到底是不是这样呢?我们一起欣赏一些图片,寻找答案吧(播放人们在田地里劳作

的图片，如图 3 - 12）。请小朋友一起来说下你们在图片中看到了什么？这些人在干什么？

幼：在干活，插秧、收庄稼……

师：小朋友请你们仔细观察一下，这些人在劳动干活时，它们的动作是怎样的？你可以模仿一下吗？

幼儿模仿某一个动作（邀请一个幼儿），教师询问幼儿在做什么工作。

师：请大家一起观察下这个小朋友的动作与我们甲骨文字（人）的样子有什么相似的地方？（如果幼儿说不出来，老师可以站在侧面“描写”一下。）

图 3 - 12　田地里劳作的人

幼：长的样子很像。

小结：甲骨文字（人），就是一个人弯着腰，伸出手臂劳动的样子，就像画一个人弯腰侧立的图画（老师边说边做示范）。我们古人在一天中劳作的时间最多，这都是古人对人的活动认真总结出来的。

三、体验（人）的礼仪

师：甲骨文中的（人），除了表示劳作的形象外，它还有另外一层意思呢，老师请大家欣赏一段视频（汉代作揖视频）。

师：你在视频中看到了什么？他们在干什么呢？

幼：行礼、作揖。

师：我国是一个礼仪之邦，古人见面时，都会行礼，行作揖之礼，就像我们平时与好朋友一起打招呼一样（如图 3 - 13）。

图 3 - 13　作辑礼

师：小朋友是怎么打招呼的呢？

幼：摆手、问好。

师：今天我们用古人的方式试一试不一样的打招呼方式吧。（教师和幼儿一起，抱拳、行礼）两个小朋友之间也可以试一试。

幼儿自己尝试不一样的打招呼方式。

小结：小朋友们，你们从甲骨文中的（人）学到了什么呢？

幼：爱劳动、有礼貌。

师：这个（人）告诉我们一个人不仅要爱劳动，还要讲礼仪、懂礼貌，这才是真正勤劳有礼的中国人。你们想做什么样的人呢？

幼：我也要做这样一个人。

四、活动结束

教师总结：我们中国文化博大精深，甲骨文是我国现存最古老的文字，距离现在已经有3 000多年的悠久历史，每一个甲骨文字都有一个不一样的意义，感兴趣的小朋友可以借助工具查阅了解一下。

【活动延伸】

美工区：画甲骨文。提供工具，请小朋友用自己喜欢的方式临摹或画出甲骨文字。结束后可以分享并带回家。

角色表演区：提供上古汉服，请小朋友穿上，并相互作揖行礼，模仿古人的方式相互问候。感受古人问好与现在问好方式的不同，体验甲骨文造字的智慧。

表3-5　家庭亲子活动

活动目标	活动准备	活动内容	注意事项
1. 促进亲子关系，培养亲子协作能力，锻炼观察能力 2. 多方面熟悉甲骨文字的形状和寓意，使幼儿在原有的基础上对甲骨文更感兴趣 3. 在熟悉简单甲骨文的基础上，可以临摹出“人”“从”“众”的甲骨文字	1. “人”“从”“众”的字卡若干，熟悉的甲骨文图片5张左右 2. 一位成人和一位幼儿（或两位） 3. 宽敞的空间，可一大两小同时进行，也可一大对众幼儿进行游戏	1. 准备和家庭数目一样多的字卡（“人从众”为一套），将每一张字卡都随便剪成3份儿，放到置物筐里，每个家庭一份 2. 起点处，家庭里的成人背起幼儿，幼儿从筐子里拿起卡片，每次只能取一张，成人背着幼儿跑到终点处拼字卡 3. 哪一组成功拼完所有字卡（拼出“人”“从”“众”），即为胜利者	1. 成人保证幼儿安全的前提下进行，为保证幼儿内心不被输赢所挫败，不记名次 2. 游戏为主，以游戏的形式引起幼儿的兴趣，不可过于强调识字

男孩儿、女孩儿

主要目标领域：社会　　　辅助目标领域：艺术

【建议目标】

小班

（1）了解男孩儿、女孩儿的性别特征，知道自己是男孩儿还是女孩儿。

(2) 初步感知甲骨文字（男）、（女）。

中班

(1) 了解男孩儿、女孩儿爱好的不同之处。

(2) 能用动作表现甲骨文字（男）、（女）。

(3) 喜欢自己的性别，对自己的性别有认同感。

大班

(1) 比较古代男孩儿女孩儿与现代男孩儿女孩儿的不同之处。

(2) 能用动作表现甲骨文字（男）、（女）的字形特点。

(3) 能愉悦地接纳自己，能学会欣赏异性的优点

【活动准备】

音乐《男孩儿女孩儿》，制作课件。

【活动过程】

一、引导幼儿了解自我

师：小朋友们，你们知道自己是男孩儿还是女孩儿吗？为什么？

幼儿根据自己的想法说说对男孩儿和女孩儿的认识，如外表、个性、穿着打扮等。

二、导入歌曲《男孩儿女孩儿》

今天老师给大家带来一首歌曲，听一听歌曲里都有谁？他们喜欢干什么？

教师播放歌曲，幼儿倾听。

教师结合歌曲内容进行提问：

你喜欢歌曲里的男孩儿还是女孩儿呢？为什么？歌曲里的男孩儿和女孩儿都会做什么？

歌曲里唱到的都是现在男孩儿和女孩儿喜欢做的事情，那你们知道在很久以前男人和女人都做什么吗？

三、出示图片（甲骨文图片男、女）

1. 观察图 3－14，认知（男）

师：你们看到图片中的人在干什么？

在很早以前，有许多在田间出力做事的男性劳动者，所以他们把男字写成“”。

图 3－14　田间劳作

图 3－15　古代坐姿

2. 观察图片，认知 (女)

出示图 3－15，请幼儿观察一下图中这个人的姿势是什么样的？他们是否能模仿一下？

双臂交叉于胸前，双腿弯曲，双膝着地，臀部自然放于双脚跟部——这是中国古代典型的坐姿。古时候他们还没有发明椅子或凳子，所以他们都是这样坐的。

四、讨论现代男孩儿女孩儿与古代男孩儿女孩儿的不同

1. 古代男女孩儿与现代男女孩儿的不同

现代男孩儿、女孩儿活动的范围很广，女孩儿和男孩儿可以做同样的事情，女孩儿也可以上学，也可以到外面去玩……而古代的男孩儿和女孩儿则分工很明确，女孩儿是不可以随意外出的。

2. 了解男孩儿女孩儿的特点

平时男孩儿喜欢做些什么事情？女孩儿又喜欢做些什么事情呢？鼓励幼儿大胆自我介绍，例如：我是男孩儿，我的爱好是……

3. 夸夸我自己

请小朋友们都来夸夸自己，说说你觉得自己什么方面最棒。(引导幼儿能够愉悦地接纳自己，并体会他人的价值。)

小结：每个男孩儿和女孩儿都有自己的优点，你们每个人都是最棒的。但有时男孩儿需要向女孩儿学习，女孩儿也需要向男孩儿学习，大家互相帮助才会变得更棒。

五、游戏：看图做动作

1. 根据图片做动作

教师出示甲骨文“男”“女”二字，幼儿做相应动作[游戏规则：教师出示甲骨文字 (男)，男孩儿做种田动作，女孩儿不动；教师出示甲骨文字 (女)，女孩儿做跪坐动作，男孩儿不动]。

2. 演一演

根据歌曲，幼儿分别模仿甲骨文“男”“女”二字(田间劳作和跪坐动作)。

【活动延伸】

美工区：装饰画《美丽的甲骨文字》。幼儿用彩泥、水粉、水彩笔等材料制作甲骨文字图片，做好后可以装饰成一幅作品。

语言区：姓名描摹。准备已经写好的甲骨文卡片、拷贝纸、木板夹，进行临摹，完成后可以装订成册。

表 3－6　家庭亲子活动

活动目标	活动准备	活动内容	注意事项
1. 根据生活经验找出男女不同的特点 2. 认识男生、女生标记，知道要按性别进入盥洗间等公共场所 3. 培养幼儿初步的性别意识	男女喜好调查表	1. 通过猜谜语的方式，让幼儿根据家长语言的描述，猜出是哪位家庭成员，并将家庭成员分成男女两组，说出男女相同的地方和不同的地方 2. 家长：除了外貌上不同，男孩女孩还有什么不同的地方？（引导宝宝说出家庭成员的爱好） 3. 多方面调查：家长出示一张带有各种喜好的调查表，让宝宝去调查身边人的喜好，并做记录（女孩儿红色，男孩儿蓝色） 4. 最后和儿人一起讨论男孩儿女孩儿喜好的相同之处与不同之处 5. 亲子游戏：萝卜蹲游戏规则：一组男孩儿，一组女孩儿。“××蹲，××蹲，××蹲完××蹲……”	1. 活动要全家一起参与 2. 注意宝宝在做调查时的沟通语言，要让宝宝提前知道如何去沟通交流 3. 最后全家人也要坐在一起分享调查结果

女英雄——妇好

目标领域：语言　　辅助目标领域：社会

【建议目标】

小班

（1）初步感知甲骨文字（妇）、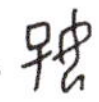（好）的字形特征。

（2）知道妇好是古代的一位女将军。

中班

（1）让幼儿理解甲骨文字（妇）、（好）的含义。

（2）了解与妇好相关的故事。

（3）对妇好产生敬佩之情。

大班

（1）认识甲骨文字（妇）、（好），并感受甲骨文的魅力。

（2）会讲述妇好的故事。

（3）激发热爱家的情感。

【活动准备】

课件、笔、纸、塑料瓶。

【活动过程】

一、播放《殷墟博物苑宣传片》，激发幼儿爱家乡的情感

师：这是哪里？说说你对殷墟的了解？

小结：甲骨文在我们家乡安阳殷墟被发现的，已有 100 年的历史，是最早、最珍贵的历史文物，是我们安阳人的骄傲！

二、出示甲骨文拓片（妇）

图 3－16 殷墟妇好雕像

师：今天我要为大家介绍一位和殷墟同样有名的历史人物，她英勇善战，是我们安阳人的骄傲，也是中国人的骄傲，一起来看看她是谁（出示图 3－16）。

1. 甲骨文里的秘密

师：［出示甲骨文 (妇)］这是她名字里的一个字，你们认识吗？

师：这个甲骨文可以告诉我们这位历史人物的性别，仔细观察哪里可以看出来。

师：猜猜看是哪个字呢？—— (妇)。

请小朋友观察字形，引导幼儿发现甲骨文“妇”的主要特征，尝试讲述甲骨文“妇”的字面含义。

小结：甲骨文里“妇”是女字旁＋帚，也有说是女子在田地插秧的。我们今天要认识的历史人物就是中国第一位女将军——妇好，她是商王武丁的王后，是我国有据可查的第一位女性军事统帅。妇好并不姓妇，只是她的尊称。

2. 出示甲骨文字 (好)

猜猜这是什么字？“好”和“妇”有哪些相似的地方？

猜猜甲骨文把女和子放在一起是什么含义？

小结：古代寓意有女有子就是好！妇好嫁给商王武丁获得封地和“妇”的氏名，尊称为“妇好”。

三、妇好墓

（1）播放 PPT，让孩子们更直观地了解妇好。

（2）欣赏妇好墓出土的青铜器、玉器，如图 3－17、图 3－18。

图 3-17 妇好墓凤形玉佩

图 3-18 妇好墓玉人

小结：妇好不但是一位将领，能征善战且善饮，更是一个爱美的传奇女子。

四、妇好的大力气

1. 猜一猜

请幼儿仔细观察，猜猜看图片中的物品是什么。

2. 试一试

出示和钺相同重量的各装有 4 公斤、5 公斤、9 公斤水的塑料瓶，幼儿尝试举重感受妇好的大力气。

小结：妇好英勇善战、力大无比，曾多次为武丁带兵东征西讨。妇好调度指挥有方，战功卓著，而且身先士卒，取得了大小 200 多次的胜利。钺并非实战兵器，而是妇好统帅权威的象征。

图 3-19 妇好墓青铜钺

【活动延伸】

妇好居住的古城就是安阳（殷墟），她生活的朝代叫商朝，也是中国有文字历史的开端。妇好主持了一系列祭祀祖先、祭神等活动，妇好墓出土了大量精美的青铜器、玉器等陪葬品，让我们一起走进殷墟，了解中国历史上第一位有记载的女将军、女政治家吧！

语言区：(1) 我的发现。准备女字偏旁的甲骨文字和若干幼儿认识的甲骨文字。幼儿可以通过拼摆、组合形成新的字形，再对照甲骨文字确认是否正确。可以逐渐增加新的甲骨文字，增加难度。

(2) 妇好请缨。家长和幼儿自制图书《妇好请缨》。提供《妇好请缨》音频、故事等资料，幼儿结合自制图书、讲述故事。鼓励幼儿大胆讲述，尝试提供录音软件，幼儿录制。

美工区：有趣拓印。(1) 以妇好墓出土的玉器、青铜器、钺等图片和刻制的拓印模板。(2) 拓印纸张、橡皮泥、创意泥。幼儿活动：幼儿自由选择美工活动，发挥幼儿创造力和感受美的能力，可以根据幼儿年龄和能力特点，增减活动的难易度。

资源链接

妇好是一位部落首领的女儿，她有着异乎寻常的勇气和魄力。她骁勇善战，通晓兵事，部落中的男子都不是她的对手。妇好并不姓妇，当她嫁给第23代商王武丁后，武丁给了她相当丰厚的封土和士民，在她的封地上，她得到了“好”的氏名，尊称为“妇好”。甲骨文中有关她的记载有200余条，商王朝的后人们尊称她为“母辛”。武丁是商朝有名的君王，他在位期间，国土不断扩大，国力也逐渐强盛。妇好嫁给武丁后，刚开始并未显露自己在军事上的才能。有一年，北方边境遭到外敌入侵，派去征讨的将领久久不能取得胜利。在这种情况下，妇好主动请缨，要求率兵前往助战。但武丁犹豫不决，担心妇好不能胜任，最后只好占卜以求吉凶，占卜显示为大吉，于是妇好就被任命为大将军。她到前线后，调度指挥有方，而且身先士卒，很快就击败了敌方，取得了胜利。从此，武丁对妇好刮目相看，把国家军事都委托给她。

表3-7　家庭亲子活动

活动目标	活动准备	活动内容	注意事项
1. 进一步了解妇好，并知道她是中国有文字记载的第一位女将军 2. 增强亲子关系 3. 参观殷墟，进一步认识妇好，感知家乡文化	1. 妇好的故事 2. 妇好的图片、音频等资料 3. 参观准备	1. 亲子音频：《妇好请缨》 2. 自制图书：家长和孩子一起收集与妇好相关的资料，自制图书 3. 亲子游：殷墟。家长利用节假日，带领孩子一起参观殷墟，感受家乡安阳的文化，进一步认识妇好	1. 可以通过多种形式让幼儿对家乡文化产生浓厚的兴趣 2. 了解殷商文化是一个漫长的过程，家长的引导方法很重要 3. 将孩子参观殷墟的发现记录下来，家长可以和孩子一起共同收集、观看、讲述与妇好相关的资料

姓氏的秘密

主要目标领域：语言　　　　辅助目标领域：社会

【建议目标】

小班

（1）初步认识甲骨文字 （王）。

（2）知道每个人都有一个属于自己的名字。

中班

（1）了解《百家姓》，知道常见的姓氏。

（2）能够找到与姓氏相对应的甲骨文字。

（3）培养热爱家庭的情感。

大班

（1）了解甲骨文字中的最常见姓氏字的由来。

（2）认识自己的姓氏，会正确认读姓氏，懂得区分姓和名。

（3）了解中国人的姓氏文化，培养热爱祖国文化的情感。

【活动准备】

幼儿对“百家姓”有一定的了解，一棵挂有全班幼儿姓名卡的树，甲骨文姓氏图片。

【活动过程】

一、谈话导入活动

出示姓名树（上面贴着全班小朋友的姓名卡），请幼儿找到自己的姓名卡，并学习用“这是我的名字，我叫×××”的句式表达。

二、寻找姓氏的秘密

1. 发现自己姓名中的秘密

引导幼儿区分自己名字中的姓和名，并正确认读自己的姓氏，说说：自己是随父姓还是随母姓？自己的名字是谁取的？名字中的第一个字是什么？自己的姓是怎么来的？

小结：宝宝是爸爸妈妈的孩子，所以有的孩子是跟爸爸姓，有的孩子是跟妈妈姓。

2. 区别姓与名

师：你姓什么？你知道有哪些姓氏吗？（请幼儿讲述，教师记录）

幼儿找到自己的姓名卡，并剪下。

小结：我们每个人都有一个名字，每个人的名字都不一样，有的名字有两个字，有的名字有三个字，还有的是四个字的。

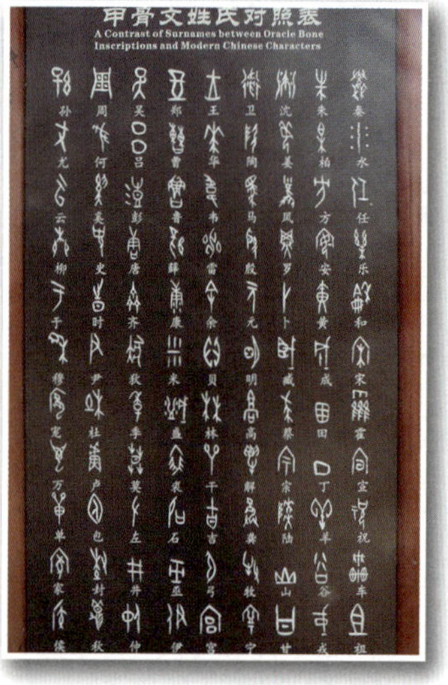

图 3－20　甲骨文百家姓氏

三、甲骨文中的姓氏（王）

1. 观察图片

出示甲骨文姓氏图（图 3－20），请幼儿猜一猜这些写满甲骨文字的图片上写的是什么，引导幼儿观察并寻找与“王”字对应的甲骨文字。

2. 认知姓氏“王”的甲骨文字

请幼儿观察甲骨文（王）的字形，说一说有什么特点。

教师引导幼儿发现甲骨文字（王）像一个人手举一把非常厉害的兵器站在那里，代表着他是最有权力的一个人，也就是大王。“王”姓就是由此而来的，慢慢地变成我们中国最大的一个姓氏。

四、游戏：我来说你来猜

1. 找一找

出示图 3－21、图 3－22、图 3－23，请小朋友在图片里找到自己的姓氏，并数一数在第几行的第几个，跟其他小朋友分享。

2. 猜一猜

以开火车的形式引导幼儿用“我的姓在第几行、第几个”的句式来介绍自己的名字和位置。请其他幼儿快速找到并说出。

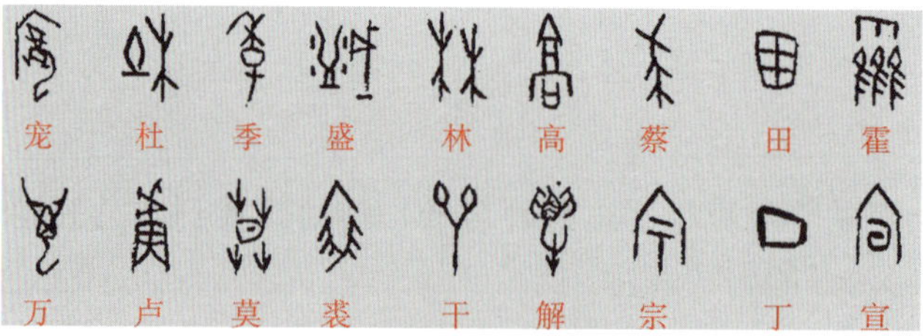

图 3－21　甲骨文百家姓氏(1)

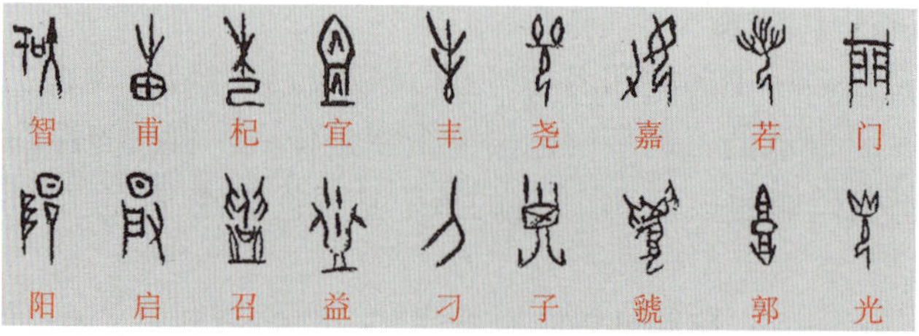

图 3－22　甲骨文百家姓氏(2)

图 3-23　甲骨文百家姓氏(3)

小结：刚才在活动中，我们发现很多姓氏，可以在甲骨姓氏图中找到，而有些姓氏甲骨文中并没有，还需要我们小朋友长大以后去研究发现更多甲骨文字的奥秘！

【活动延伸】

礼仪教育：称呼。

与幼儿讨论：要了解别人的姓时，应如何表达。

学习怎样用姓氏称呼他人，例如：年龄大的人可以称呼×爷爷、×奶奶；年轻的人可以称呼×叔叔、×阿姨；根据职业可以称呼×司机、×医生……

表 3-8　家庭亲子活动

活动目标	活动准备	活动内容	注意事项
1. 培养幼儿听指令做动作的能力 2. 锻炼幼儿的应变与合作能力 3. 锻炼幼儿一一对应的能力	两套甲骨姓氏卡片，其中一套贴在墙上	1. 妈妈将姓氏甲骨文贴在墙上，提问一个姓氏，幼儿马上找到相应的甲骨文字 2. 分享名字的由来和故事 3. 寻宝藏。事先藏一些甲骨文字卡，请幼儿自选一张甲骨文字卡去找“宝藏”	1. 活动场地尽量宽敞，无障碍物 2. 提示幼儿可以大家一起找，也可以分头去找，要注意安全

第四章　甲骨文中的好味道

甲骨文中的好味道

- 美味佳肴
  - 好吃的水果
  - 晶莹的米
  - 金黄的小麦
  - 温顺的“小面羊”
  - 热闹的新年
- 感谢炊具
  - 古代的蒸具——曾
  - 神圣的鼎
  - 精美的器皿
  - 生活中的刀
  - 神奇的火

第一节 美味佳肴

俗话说:“食者,万物之始也。”远古的商朝时期人们到底吃些什么食物呢?根据殷墟发掘的甲骨文,学者们惊讶地发现,商朝时期人们竟然就能吃到许多种食物。这些食物主要分为两大类:一类是农作物;另一类是牲畜,以猪、牛、羊为主。教师通过系列活动,让幼儿了解古人的食物,并力求运用多种方式使之体验劳动的艰辛和收获的不易。其中“温顺的‘小面羊’”则是从传统民俗“送羊”入手,让幼儿懂得感恩和孝敬长辈。

好吃的水果

主要目标领域:语言　　　　辅助目标领域:艺术

【建议目标】

小班

(1) 认识甲骨文字(果),初步感知象形文字的特点。

(2) 简单了解部分水果的生长过程,喜欢吃水果。

中班

(1) 认识甲骨文字(木)、(果),对古代造字方法产生兴趣。

(2) 引导幼儿通过形状、颜色、用途等概括水果的特征。

(3) 发展幼儿的观察、想象和思维能力。

大班

(1) 认识甲骨文字(木)、(果)、(采),了解古人造字的方法和特点。

(2) 积极参与资料收集,了解各种水果生长的方式。

(3) 在采摘活动中体验丰收的喜悦和劳动的快乐。

【活动准备】

(1) 水果生长的各种图片资料。

(2) 展示苹果生长的 PPT。

(3) 苹果、山楂、橘子等水果实物和各种水果的图片。

(4) 联系附近的果园,做好参观和采摘的准备工作。

【活动过程】

一、 苹果从哪里来

1. 谜语导入

教师讲出谜语：圆圆果子挂树上，颜色有红也有黄；果肉酸甜有营养，放得越长味越香（打一水果）。请小朋友说出谜底（苹果）。

2. 了解苹果的生长过程

结合 PPT 引导幼儿了解苹果的生长过程：一粒种子种到土里，在土里生根发芽，然后破土而出。幼小的树苗汲取着大地的养分，逐渐长成粗大的枝干，然后开花、结果，到秋天的时候，苹果就成熟了，成熟了的苹果甜甜的，特别好吃。

3. 认识甲骨文（果）、（木）、（采）

（1）出示甲骨文（果）的卡片，请幼儿猜一猜这是什么字？这是一棵树，上面画了圆圆的果子，就像我们的苹果一样，这个字就表示（果）。

（2）依次出示甲骨文（木）、（采）的卡片，请幼儿根据字的形状来猜一猜它们都表示什么。

师：表示一棵树，就是“木”，树的上面结出果子（果），果子的上面是一只手，用手采摘下来果子，就表示这个字是（采）。

图 4-1 摘果子

图 4-2 甲骨文字“采”和“木”

4. 各种各样的果子

（1）认一认，说一说。出示准备的各种水果图片，请幼儿辨认各种长在树上的水果，如荔枝、李子、梨、桃、石榴、香蕉、菠萝等，并说出果子的形状、特征和味道。

（2）画一画，涂一涂。投放纸笔等物品，指导幼儿先在纸上画出甲骨文（木）的样子，然后在（木）的上方（代表果子的地方）画上三个自己喜爱的水果，形成甲骨文的（果）的形状，并在画出的水果上涂上颜色，也可以画出其他不同形状的果子。

(3) 组织中、大班幼儿到果园参观，实地辨认各种果子，并参与采摘活动，体验劳动的快乐。

二、采果子

1. 在音乐伴奏下学习《摘果子》律动

摘 果 子

杨春华 词
佚 名 曲

1=F $\frac{2}{4}$
中速 轻快地

图 4-3 律动《摘果子》

律动共四节：

第一节：两手上举转动手腕，表示我们要去摘果子。

第二节：两手平伸，转手腕摘果子。

第三节：一只手挎着小篮子，一只手摘果子，然后将摘下的果子放在篮子里。

第四节：拍手，表现劳动的快乐。

播放音乐，反复练习动作，动作熟练后可以请幼儿自己创编动作，如上下摘，左右摘。也可以两两合作摘果子，一人摘果子，另外一人挎小篮，互相商量表演摘果子。

2. 学做冰糖葫芦

准备山楂、橘子等水果，请幼儿帮忙串果子，老师从旁指导。串完后送到食堂，请厨房师傅帮忙做成糖葫芦，小朋友观察整个过程，活动自然结束。

图 4-4 幼儿在串糖葫芦

【活动延伸】

科学区：把家长和幼儿共同搜集的各种水果资料，在科学区布置进行展览，让幼儿了解更多的相关知识。如长得低矮的水果——草莓、菠萝；长在藤上的水果——西瓜、葡萄、哈密瓜、甜瓜、香瓜；长在水里的水果——菱角、荸荠；长在地下的水果：雪莲果……

美劳区：投放(木)、(果)、(采)等相应的图片，请幼儿自己来画一画，拓一拓，并添加画面内容，然后展示在美劳区。

表 4-1 家庭亲子活动

活动目标	活动准备	活动内容	注意事项
1. 进一步认识甲骨文(木)、(果)、(采)，学说一句话或编故事 2. 感知多种水果的特点，学习用小水果刀切水果的动作技能，尝试制作水果拼盘 3. 喜欢吃水果，体验劳动与分享的快乐 4. 自制冰糖葫芦，了解中国的传统手工艺制作方法	1. (木)、(果)、(采)的甲骨文卡片 2. 各种水果、小水果刀、案板、盘子、水果拼盘图片 3. 歌曲《冰糖葫芦》，竹签、山楂、橘子等	1. 家长把这三个卡片藏到身后，逐一出示，请幼儿猜一猜是什么字。然后用这三个字说一句话或者编个小故事 2. 让幼儿介绍自己了解的几种水果的生长过程和形状、味道，尽量提供一到两种幼儿没见过的水果，由家长介绍给幼儿，提高幼儿探究的兴趣 3. 家长和幼儿共同欣赏水果拼盘的色彩、装饰图案，探讨拼盘中使用了哪些水果，还有什么水果可以替代，家长和幼儿一起讨论并制定自制水果拼盘的图案 4. 准备水果原料。幼儿在家长的指导下洗水果，削果皮。家长指导幼儿一手握紧刀把，一手按住水果，依次切成需要的图形，提醒注意安全。 5. 展示和分享。将幼儿制作的拼盘向其他家庭成员展示、分享 6. 家长首先让幼儿听歌曲《冰糖葫芦》，然后给幼儿讲解糖葫芦的美好寓意，并和幼儿一起串糖葫芦	1. 提醒幼儿使用刀具时注意安全 2. 家人在欣赏宝宝作品时要给予中肯的表扬和鼓励 3. 此类活动建议经常调换水果来进行，让宝宝感知不同水果的形状、颜色、味道，并养成爱吃水果的习惯 4. 制作糖葫芦时要防止烫伤，注意安全

晶莹的米

主要目标领域：社会　　　　**辅助目标：艺术**

【建议目标】

小班

（1）对甲骨文字（米）有初步的了解。

（2）懂得珍惜别人的劳动成果，爱惜粮食。

中班

（1）认识甲骨文字（米），了解米的生长过程。

（2）能爱惜粮食，增强动手能力。

大班

（1）认识各种各样的“米”，了解米的种类和用途。

（2）学习做稻秆画，观察稻秆的外形特征并学习用语言进行描述。

（3）知道收获的不易，做一个爱惜粮食的小使者。

【活动准备】

（1）米的成长过程图片、甲骨文字（米）的图片。

（2）各种各样的米，稻秆、胶水等。

【活动过程】

一、好吃的米

1. 谈话导入，引出课题

（1）请幼儿说一说自己最喜欢吃的是什么饭？

（2）启发幼儿，如果我们一顿不吃饭，会感觉怎样？（引导幼儿知道粮食的重要性）

（3）出示甲骨文字（米），了解甲骨文字（米）的由来。

请幼儿观察（米），它和我们现在的汉字一样吗？教师讲解甲骨文字（米）：“稻子秆”做了“（米）”中的“一横”，“秆上分生的米粒”成了（米）上下的6个点。

2. 了解一粒米的生长过程，知道粮食来之不易，要爱惜粮食

（1）教师出示图片，请幼儿观察并简单讲述“一粒米”的生长过程。

图 4－5 “一粒米”的生长过程

（2）教师提问：农民伯伯种粮食，先做了哪些事情？然后又做了哪些事情？（松土、插秧、施肥、浇水、喷洒农药、收割等）

（3）欣赏歌曲：《我是一粒米》，进一步感知一粒米的来之不易。

我是一粒米

陈　植 词
黄振奋 曲

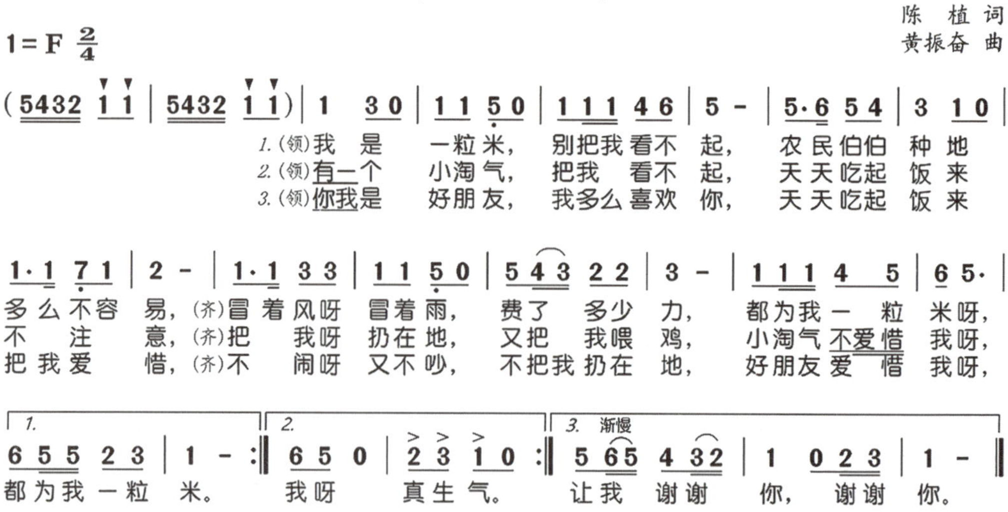

图 4－6 歌曲《我是一粒米》

小结：通过看图片和欣赏歌曲，我们知道了农民伯伯要收获一粒米多辛苦，他们要插秧、施肥、浇水、喷洒农药，做很多的事情，干很多活，小朋友才能吃上白白的米饭。所以我们小朋友不能浪费粮食，要珍惜农民伯伯的劳动成果。

二、好看的米

1. 观察米，说说大米的特征

（1）师：“它是什么颜色的？什么样子的”？（请幼儿自由探索，相互交流）

师：“谁愿意告诉大家，大米是什么颜色的？什么样子的？”

小结：大米是白色的，小小的，一粒粒的，有的长，有的圆，捏在手里硬硬的。

（2）师：除了这白白的大米外，你们还见过其他颜色的米吗？

（3）幼儿观察黑米、小米、红米，说一说它们的特征。

2. 有趣的稻秆画

（1）米能为我们提供营养，稻秆还能作画呢！现在“稻秆画”在我国南方（广西）已经成为一门独特的民间艺术，深受人们的喜爱。

（2）出示稻秆画，请小朋友欣赏，请幼儿欣赏讨论，了解稻秆画的制作过程。

图 4－7　有趣的稻秆画

（3）出示准备好的稻秆、胶水等，讲解制作稻秆画的注意事项。

（4）幼儿开始作画，教师巡回指导。

（5）将幼儿的作品展示在活动室内，自然结束。

【活动延伸】

美工区：教师为幼儿提供不同形状的标志牌，并帮助幼儿写好“请爱惜粮食”的警示语。请幼儿用甲骨文字（米）来装饰标志牌，宣传爱惜粮食的精神。幼儿涂色并添画简单图案，悬挂到幼儿园的厨房或活动室内，自觉做一个爱惜粮食的小使者。

表演区：音乐游戏“种粮忙”。请幼儿自选角色，表演农民伯伯和种子，感受粮食的来之不易。

图书区：投放古诗《悯农》《锄禾》的图片，进一步了解农民伯伯劳动的艰辛。

表 4 - 2　家庭亲子活动

活动目标	活动准备	活动内容	注意事项
1. 初步培养生活技能，愿意做力所能及的事 2. 通过做米糊增进亲子关系，培养动手能力和创造力 3. 知道米的用途很多，许多食物都是用米做成的 4. 会用一些简单的测量工具，锻炼幼儿五指舀、倒的能力	1. 大米、小米、黑米甲骨文字卡 2. 豆浆机、各类米及配料 3. 收集米的用途图片，如米粥、米皮、米线、粽子等 4. 准备测量工具，如天平、量杯等	1. 请孩子把大米、小米、黑米的甲骨文字放到相对应的食物上，学习一一对应并认读字卡 2. 制作米糊。家长帮助幼儿用量杯称量好大米，淘洗干净，倒入豆浆机，让幼儿按照指示加入水至豆浆机规定的水位 3. 待豆浆机完成工作后将豆浆倒出来，注意防止烫伤 4. 全家分享自制米糊 5. 家长出示米皮、米线、粽子的图片，使幼儿知道米的用途很多 6. 拿出家中的一小袋米，请幼儿用天平和量杯来称一称这袋米到底有多重，练习测量和称重，家长在旁边做好记录	1. 家长在和幼儿共同制作米糊过程中，引导幼儿关注各种原料的数量配比，讲解各种原料的营养成分，渗透科学饮食的观念 2. 了解米的用途时，可以带幼儿去吃一吃米线、米皮等，加深幼儿的印象 3. 测量和称重时注意不要把米洒落到外面

金黄的小麦

主要目标领域：社会　　辅助目标领域：艺术

【建议目标】

小班

(1) 简单了解甲骨文字(麦)及实物小麦。

(2) 感知劳动的辛苦，懂得爱惜粮食。

中班

(1) 初步认识甲骨文字(麦)，了解小麦的用途。

(2) 养成珍惜粮食、节约粮食的好习惯。

大班

(1) 认识甲骨文字(麦)并了解小麦的生长过程。

(2) 学习用麦秸秆吹画，掌握吹画的技巧。

(3) 进一步了解农民劳动的辛苦，懂得珍惜别人的劳动成果。

【活动准备】

(1) 实物小麦,麦秸秆、小麦生长过程的 PPT 及图片,甲骨文字(麦)。

(2) 歌曲《大馒头,哪里来》,各种面食图片、草帽、提包等。

(3) 各色颜料,平衡木、圆拱桥等。

【活动过程】

一、认识小麦,简单了解甲骨文(麦)

1. 谈话导入,认识小麦

师:小朋友,你们看!这是什么?(出示实物小麦)它长得是什么样子呢?是什么颜色呢?

请幼儿自由讨论小麦的外形特征和组成部分(如小麦的根、茎、叶等)。

小结:小麦的茎俗称麦秆,空心、有节、光滑、叶狭长,茎的顶端长麦穗,麦穗有针一样的麦芒,麦穗成熟时是金黄色的。

2. 认识甲骨文字(麦)

图 4-8 田野里的小麦和老师制作的甲骨文"麦"

出示甲骨文字(麦),请幼儿观察这个字像什么。它和我们今天认识的小麦有什么相似的地方?它就是按照麦子的样子刻画出来的文字,它就像是一颗长着的小麦,下面是它的根,中间的竖是麦秆,向两侧伸展尖端下垂的是它的叶子,顶端的稍弯的是麦穗,现在就请小朋友自己用笔来画一画这个(麦)。

二、了解小麦的一生,感知农民的辛苦

1. 播放"小麦的生长过程"PPT

引导幼儿了解小麦的播种、成长及收获过程:秋季农民把麦种播在地里;冬季压实麦苗;到第二年春天,麦苗长得绿油油的,并逐渐长大、抽穗、开花、结籽;5 月底 6 月初,麦子慢

慢地由绿变黄，成熟，农民伯伯开始收麦，叫夏收。

2. 小麦的用途

图 4－9 用面粉制作的“面点”

图 4－10 麦秸秆草帽

小麦都可以做什么呢？出示各种面制食品，让幼儿知道麦粒可磨成面粉，面粉可做成馒头、面条、饺子、蛋糕、饼干、面包等；麦秸秆可以编制各种草帽、扇子、垫子、提包等，也可作燃料和泥墙皮。

3. 游戏“麦爷爷找孩子”

请一个幼儿带上用甲骨文（麦）做的头饰，当麦爷爷。其余小朋友当面粉制品（把面粉制品的图片挂在幼儿胸前）。麦爷爷说：“我的孩子不见了，他们都变了样，哪是我的孩子呀？”幼儿依次说：“我是面包，我是麦爷爷的孩子。”“我是饼干，我是麦爷爷的孩子。”

4. 用麦秸秆吹画

（1）出示麦秸秆：麦秸秆除了可以编东西，还可以用来吹画。

（2）讲解吹画的注意事项：纸上滴几滴颜料，嘴巴对着小麦管的一头，另一头对着颜料，用力吹一吹，就会变成有趣的图案。

（3）幼儿分组操作，教师注意引导，提示幼儿可以往上下左右各个方向吹一吹。

（4）请把自己吹的画晾放在桌子上进行展示，互相讲一讲自己的作品。

5. 运小麦

（1）创设情境：农民伯伯正在晾晒小麦（甲骨文字的卡片），突然天空中传来了雷声，马上就要下雨了，小朋友要赶紧帮农民伯伯收小麦。

（2）请幼儿将地上摆放的甲骨文字（麦）的卡片捡起来，通过走小桥，过山洞，然后把小麦（）运回家。

（3）分组比赛，看哪一组运得又快又多。

（4）放松休息时播放歌曲《大馒头》，让幼儿知道大大的馒头、白白的面粉、黄黄的小麦三者之间的关系，体会农民收获的不易，我们小朋友都要爱惜粮食，活动自然结束。

【活动延伸】

种植区：投放麦种、土壤、水、花盆，幼儿分组自由操作，种植小麦。

生活区：投放面粉、水、模型、小盆、小蒸箱等，制作面点。

美工区：投放甲骨文字（麦）的卡片、麦秆、线、彩纸、胶水、剪刀等，幼儿可以吹画或粘画。

表 4-3　家庭亲子活动

活动目标	活动准备	活动内容	注意事项
1. 通过水培小麦活动让幼儿感知种植的乐趣 2. 通过吹画活动，丰富幼儿的想象力，提高幼儿的创造力 3. 通过五彩缤纷的面点制作活动，感受食物制作的过程及成就感 4. 通过种植活动可以让幼儿认识小麦，了解小麦的生长过程，能正确种植并关心，照顾小麦	1. 小麦种子、水、透明容器、颜料、黑色卡纸、麦秆 2. 面粉、烤箱、蔬菜汁、盘子等	1. 幼儿和家长一起水培小麦，在家长的帮助下学习用甲骨文（麦）来记录小麦的成长过程 2. 和家长一起用各种颜料及麦秆、卡纸进行吹画大赛。创作完成的作品要以故事的形式讲出来 3. 和家长一起用各种蔬菜汁、面粉、各种模型，制作精美的面食。在制作过程中可以让每位家庭成员说说自己的作品 4. 家长和幼儿一起用小锄头松土，用小铲子把大块的土弄碎，将小麦撒到土里，用小铲子敲几下泥土，整平土地，浇水将周围的土淋湿。记录种植时间，并定期为小麦浇水，记录观察小麦的生长状况，将变化记录在小麦生长日记中。小麦生长日记每页记录内容包括日期、天气、小麦生长状况等基本情况。一个生长周期后，引导幼儿整理、装订“小麦生长日记”，做成一本自己的“书”	1. 给予幼儿恰当的评价及鼓励 2. 制作面点食品时避免浪费食材 3. 引导幼儿尊重劳动成果，珍惜粮食 4. 在种植过程中要正确种植小麦并持之以恒照料小麦，直至完成一个生长周期

温顺的“小面羊”

主要目标领域：语言　　　　辅助目标领域：社会、艺术

【建议目标】

小班

（1）初步认识甲骨文字（羊），对甲骨文字（羊）产生兴趣。

（2）知道六月“送羊”的习俗，培养爱妈妈的情感。

中班

（1）了解甲骨文字（羊）背后的故事，体验制作“面羊”的兴趣。

（2）知道六月“送羊”的来历，懂得感恩父母。

大班

（1）认识甲骨文字（羊）并学习制作“面羊”。

（2）了解民俗“送羊”的寓意和“羊羔跪乳”的来历，产生对长辈的感恩和孝敬之情。

【活动准备】

（1）小羊手偶一个。

（2）甲骨文（羊）的图片、“羊羔跪乳”的轮廓图。

（3）和好的面一块。

【活动过程】

一、认识甲骨文（羊）

1. 出示“羊的手偶”导入活动

师：宝贝们，今天老师给大家请来了一个好朋友，你们看它是谁呢？（羊）谁能告诉老师小羊长什么样呢？

2. 出示甲骨文（羊）

师：请小朋友看一看，这个字像什么？你们知道这个字怎么念吗？它像什么动物呢？这个就是在很早的时候古人刻在骨头上的文字，这个字的两角弯弯的像羊角，下面像羊的鼻子。

3. 拓展讲解（羊）和（美）的意义

出示甲骨文字（美）的卡片，讲解（美）就是头顶大角的羊形，“羊”“大”为美。“羊”在古代被誉为很美好的食物，“美”最初指的是美味，后来引申为吉祥、美好的象征，用羊作装饰的图案中就有吉利、祥瑞的意义。

二、了解民俗文化“送羊”

1. 出示图片

请小朋友看一看这两张图上都有什么？你在哪里见过？吃过吗？

图 4-11 面羊

图 4-12 面包羊

这是人们在用面粉制作“面羊”和“面包羊”，到了农历六月，姥姥家都要给小外孙或外孙女“送羊”，你们吃过姥姥家送的“羊”吗？知道为什么要“送羊”吗？

2. 讲解“送羊”的由来

（1）讲述故事《送羊》。

很久以前，韩陵山脚下有一户人家，父亲死得早，只有母亲张氏和儿子刘小儿一起生活。生活虽然贫困，靠娘家接济，日子倒也过得去。张氏对儿子十分溺爱，使刘小儿越长越骄横。有一次，因饭菜稍不合口，刘小儿竟把娘推了一跤。张氏痛哭了一场，便回娘家去了。到了后晌，张氏才回来。刘小儿又急又怕，急的是母亲走后把他饿了一顿，怕的是舅舅来整他。谁知，母亲只对儿子说：“我到你姥姥家瞧羊去了，一只母羊下了几只小羊羔，到六月天草肥了，舅舅就把羊送来了。”刘小儿这才放了心。到了六月，舅舅果然送来五只羊，刘小儿每日赶着羊群到野外放。一天，他在树荫下，发现两只小羊拱到母羊的奶穗下，先跪下两条前腿，而后才吸奶。刘小儿觉得很有意思，便问一个路过的老爷爷，老爷爷语重心长地说：“这羊羔知道母亲生养它的艰难，所以吃奶时要先下跪，感谢母亲的生养之恩……”刘小儿听着，突然对老爷爷说了声谢谢，扭头就跑。

图 4-13　羊羔跪乳

他一口气跑回家，扑通一下跪在母亲面前，哭着说：“娘啊，以前都是孩儿不孝，小羊都知道跪下吃奶感恩母亲，我还不如小羊羔呢……”从此，刘小儿一改旧习，孝敬母亲，帮助邻里，学农活，干家务，和母亲过起了美满如意的日子。后来这件事很快就传开了，人们便纷纷学刘小儿的舅舅给外甥送羊，以此来教育孩子要孝敬父母。

这个风俗一直流传到了今天，每年农历六月，姥姥家都要用面捏成“羊”的形状并蒸熟它，送给外孙和外孙女，叫做“送羊”。

这个故事主要告诉我们一个道理：小朋友要孝敬母亲，报答母亲含辛茹苦的养育之恩。

（2）提问：小羊为什么要跪下吃奶？为什么要“送羊”？我们小朋友应该怎样报答妈妈的养育之恩？

（3）老师提前画好“羊羔跪乳”的轮廓图，请小朋友涂色，理解小羊跪着吃奶是孝敬妈妈，报答妈妈的养育之恩。

（4）请幼儿用和好的面制作面羊，教师指导，然后将制作好的面羊送到食堂，请食堂师傅帮忙蒸熟，幼儿可将做好的面羊带回家请妈妈品尝，活动自然结束。

【活动延伸】

环境布置：活动室布置一些和“送羊”有关的民俗图片，让幼儿深切感受和了解“送羊”的寓意和习俗。

美工区：活动结束当天，教师在活动区投放甲骨文字（米）、（麦）、（羊）的拓片，请幼儿自由拓印，巩固对甲骨文字（米）、（麦）、（羊）的认识。

娃娃家：送“羊”。在活动当天的自主游戏时间，教师可提前在表演区为幼儿准备服装道具，引导幼儿做家庭的主人，请其他幼儿扮演客人来“送羊”，在游戏过程中，教师可作为游戏的参与者，指导幼儿学习待人接物的礼仪和就餐礼仪。

表 4－4　家庭亲子活动

活动目标	活动准备	活动内容	注意事项
1. 巩固对以前所学的甲骨文的认识 2. 通过参与走亲访友的活动，感受中国的传统民俗礼仪 3. 培养动手能力，学习礼貌用语	1. 甲骨文卡片，“”（果）、“”（米）、“”（麦）、“”(羊)等 2. “小羊”轮廓图，双面胶，棉花若干	1. 家长和幼儿一起做游戏：家长出示甲骨文的卡片，请幼儿说出是什么，然后做出相应的动作，也可以角色互换，让幼儿拿卡片，家长做相应的动作 2. 制作可爱的小绵羊：家长帮忙制作小羊的轮廓图，请幼儿用胶水把棉花粘到羊的身上 3. 家长与幼儿收集和总结听到的礼貌用语，用比赛的游戏方式比比谁说得多(尽量让孩子获胜)	家长注意以身作则，要注意自己的言行，多用礼貌用语

热闹的新年

主要目标领域：社会　　辅助目标领域：健康

【建议目标】

小班

（1）认识甲骨文字（年），感受古人对粮食丰收的期盼。

（2）体验传统节日的热闹气氛。

中班

（1）了解甲骨文字（年）背后古人对年景的重视。

（2）体验粒粒皆辛苦的内涵，增强爱惜粮食的意识。

大班

（1）了解甲骨文字（年）的意义，体会人们对丰收的期盼。

（2）了解过年的习俗、基本的习惯和待人接物的礼仪。

【活动准备】

（1）动画《节约粮食》，过年习俗 PPT，甲骨文字（年）及相关图片。

（2）沙袋若干和手工制作材料。

【活动过程】

一、丰收的喜悦和种植的辛苦

1. 出示农民背稻谷的图片，感知劳动的艰辛

小朋友们看，农民种的粮食丰收了，他们是怎样把粮食运回家的呢？古时候人们粮食丰收后会一起来庆祝，并期盼下一次的年景更好，后来就逐渐演变成我们中国最热闹的节日——过年。

图 4－14　农民背着丰收的粮食

2. 组织幼儿背沙袋，体验劳动的快乐

教师总结：虽然搬运工作十分辛苦，但是看到自己辛苦种下的粮食获得丰收，想到接下来的好日子，大家非常高兴。

3. 出示甲骨文字（年）

图 4－15　“禾、人、年”甲骨文

（1）教师引导幼儿观察：一个人背负着成熟的禾的样子，就是“年”，表示丰收了。古时候人们丰收后会进行庆祝，逐渐成为习俗，这就是我们现在的“过年”。

（2）引导幼儿讨论为什么把成熟的谷物背回家这个意思表示年。

甲骨文中发现许多“”，证明那时的人们非常重视粮食的收成问题，只有粮食丰收，接下来的一年里才有充足的食物。

4. 节约粮食

（1）组织幼儿观看动画《节约粮食》，简单了解从播种到收获直至做成米饭的过程，感知粒粒皆辛苦的含义。

（2）组织幼儿讨论：自己怎样做才能节约粮食。

（3）教师总结：我们要有节约的意识，其实做起来很简单，吃饭时吃多少盛多少，不浪费饭菜；在餐馆用餐时点菜要适量，不要乱点一气……

（4）请幼儿制作倡议书和宣传单，推广节约粮食的观念。

二、团团圆圆过大年

1. 说一说自己家里过年的情景

（1）我们小朋友是怎样过年的？过年时家里都有谁？过年很重要的一件事就是全家人一起吃年夜饭，年夜饭都吃什么？

（2）请全班小朋友围着大饭桌模仿吃年夜饭的场景，聊聊自己家里的年夜饭。

（3）教师总结：传统年夜饭很有讲究，参加的人有老有少，座位排列要体现尊老爱幼，长者先动筷子；吃的食物也有许多美好的寓意，如鱼（年年有余）、饺子（新旧交替）、年糕（年年高升）……饭桌上要说吉祥话：新年快乐、吉祥如意、福如东海、寿比南山……

2. 幼儿分区域准备年夜饭

建议：小班幼儿用彩泥在餐盘里制作各式食品；中、大班幼儿可以分工合作，在建构区搭建年夜饭的大饭桌、制作餐具。在美工区中通过剪纸、撕纸、彩泥、绘画等多种形式制作年夜饭。

三、红红火火过大年

1. 了解过年的习俗

除了要吃年夜饭之外，你知道还有哪些过年的习俗吗？观看课件，边看边讲，了解各地过年的习俗。

（1）放鞭炮和烟花：热热闹闹。

（2）到各家各户拜年：互相祝福。

（3）舞龙舞狮：欢腾喜庆。

（4）踩高跷：节节高升，步步高。

（5）贴对联、剪窗花：红红火火。

小结：原来，每个地方过年的习俗都不一样，但一样的是大家都是热热闹闹、喜气洋洋、快快乐乐地来过年的。

2. 我们小朋友过年的习俗

请小朋友结合实际讲一讲：过新年时要穿新衣服，要跟随父母一起去拜年，拜年时会收到红包（压岁钱），等等。

图 4－16　幼儿园包饺子

【活动延伸】

表演区：根据《金蛇狂舞》的音乐，幼儿自由创编动作，准备排练庆新年的节目。

美工区：投放空白的对联，让大班幼儿学写对联，小、中班的幼儿可以做灯笼、画年画、剪窗花等，也可以制作贺卡送给远方的亲人，最后用师幼共同制作的作品装饰教室。

生活区：可以投放饺子皮、肉馅，请小朋友学习包饺子，包好后请食堂师傅下饺子，幼儿共同分享。

表 4－5　家庭亲子活动

活动目标	活动准备	活动内容	注意事项
1. 通过活动让幼儿感受中国人对过年的重视 2. 在拼拼摆摆中，提高对中国饮食文化追求色香味的认识 3. 通过给饭菜起名字，感受大家对幸福生活的期盼	1. 各类熟食、水果 2. 安全刀具，干净的碗碟	1. 和爸爸妈妈一起准备年夜饭。在家长协助下负责水果拼盘和菜品装盘装饰 2. 全家一起为每道菜品起名字，要求名字里应有吉祥喜庆的寓意 3. 全家围坐在一起吃年夜饭，请幼儿介绍菜名，每介绍一道菜要先请最年长者品尝，教幼儿说出××（长辈尊称）请您吃××（菜品名称） 4. 吃年夜饭的过程中可以每位家庭成员说一种自己喜欢吃的菜品的色香味，让幼儿猜一猜是哪道菜。猜出后给予适当奖励	1. 各位家庭成员在活动中要给予幼儿适当的鼓励 2. 制作和享用年夜饭时应避免浪费，坚持美观、美味、丰盛、适量的原则 3. 引导幼儿关注优秀传统习俗，忽略一些封建迷信

第二节　感谢炊具

炊具在我们的生活中起着重要的作用。远古的殷商时代，鼎（　）、皿（　）不仅是一种炊具，更是人们身份地位的象征。本节以“感谢炊具”为主题，包括古代的蒸具“曾”（　）、神圣的“鼎”（　）、精美的器“皿”（　）、生活中的“刀”（　）、神奇的“火”（　）五个活动。通过了解“　”（曾）、“　”（鼎）、“　”（皿）、“　”（刀）、“　”（火）等甲骨文，让幼儿对古人的生活方式和炊具的知识有了更多的了解。懂得安全用火、用刀，知道鼎在古代有很重要的象征意义。

古代的蒸具——曾（　）

主要目标领域：健康　　　　辅助目标领域：科学

【建议目标】

小班

（1）简单认识甲骨文字　（曾）。

（2）初步了解蒸东西的过程，体验分享食物的乐趣。

中班

（1）了解甲骨文字（曾），知道健康的饮食方式。

（2）初步了解蒸东西的过程，了解蒸气的变化。

大班

（1）知道甲骨文字（曾）的本意，树立健康饮食的理念。

（2）感知水蒸气的特点，探索水的三态。

（3）通过动手尝试，培养探索精神。

【活动准备】

（1）蒸出来的食物图片、发面、洗净的红枣等。

（2）甲骨文字（曾）的卡片。

【活动过程】

一、蒸出来的年味儿（蒸馍、蒸花糕）

1. 出示蒸出来的美食图片

图片上都有什么？他们在干什么？

图 4－17　过年了，人们在蒸花糕

2. 讲解甲骨文字（曾）

出示甲骨文字（曾）：你们看出来了吗？为什么这个字表示蒸呢？（下半部分像蒸笼，上半部分像冒的热气），就是表示把食物放在锅中的竹圈垫上蒸熟。

3. 组织幼儿制作花糕，体验新年临近的喜悦

（1）马上要过年了，往年小朋友都吃爷爷奶奶、爸爸妈妈蒸的花糕，今年我们也让长辈们尝尝我们做的花糕。

（2）组织小朋友洗手并带上围裙，大家一起制作花糕。

（3）提醒幼儿注意造型、不浪费原材料。

小结：蒸花糕是北方人民在春节期间家家户户都要做的面食，寄托了人们对新年新生活蒸蒸日上的美好愿望。

（4）带领幼儿将做好的花糕送食堂蒸熟。（如果是开放型食堂，可带孩子们在安全区域观察蒸的过程，感受蒸气缭绕的过程，看花糕出笼的瞬间，闻花糕出笼的味道……）

（5）将自己做的花糕带回家与家长分享。

二、健康饮食新风尚——蒸菜

1. 说说那些吃过的蒸菜

除了馒头、包子是蒸出来的，许多菜也是蒸着吃的。小朋友们吃过哪些呢？

图 4－18 各种各样的蒸菜

2. 蒸出来的菜最健康

（1）小朋友吃过蒸出来的菜吗，味道怎么样？为什么要用蒸的方式？

蒸菜在加热过程中直接与蒸气接触，加热时间较短，水分不会大量蒸发，口感细嫩、软烂，蒸出来的饭菜所含的油脂少，是一种健康的烹调方式。

（2）组织幼儿观看蒸菜的视频，简单了解其制作过程。

三、蒸气从哪里来

1. 出示图片

师：图片上都有什么？小水滴是在谁的帮助下变成水蒸气的？（太阳）

小结：太阳公公照得热热的，小水滴身子变轻，变成水蒸气升到了空中。在蒸锅底部也有适量的水，通过加热，水变成水蒸气，将食物蒸熟。

图 4－19　小水滴变成了水蒸气

2. 请小朋友感知水蒸气的形成

（1）在玻璃杯中倒入开水，将玻璃片放在一杯热水上面，感知水蒸气的形成（可让幼儿摸一摸玻璃片前后的温度变化，简单感知水蒸气加热食物的作用）。

（2）讨论：你还在哪里看到过水蒸气？

寒冷的冬天人们呼出去的热气，洗澡时热水冒出的水蒸气，吃火锅时锅里热汤也冒出水蒸气……

（3）水蒸气要和我们小朋友们玩一个有趣的游戏。老师示范在窗户的玻璃上呼气作画。幼儿尝试在窗户上作画，并互相欣赏。

【活动延伸】

环境创设：在活动区周围布置甲骨文（水）、（曾）及其蒸制食品图片，帮助幼儿理解食品的制作过程。

图书区：投放图书《小水滴旅行记》，帮助幼儿进一步了解水的三态转化过程。

美工区：投放彩泥和装饰材料，引导幼儿创作新颖的花糕。

表 4－6　家庭亲子活动

活动目标	活动准备	活动内容	注意事项
1. 通过亲子活动体验家长日常做饭的辛苦 2. 锻炼动手能力 3. 了解水蒸气的力量很大	面团、擀面杖、大红枣、红豆馅等	1. 和父母一起准备蒸花糕的材料 2. 家长可示范多种花糕形式，鼓励幼儿大胆尝试 3. 家长给孩子讲一讲每种花糕的吉祥寓意 4. 在上笼蒸花糕时让孩子帮忙看表记录时间，同时感受水加热后变成水蒸气的过程 5. 让幼儿及时品尝刚蒸好的花糕，说一说品尝后的感受 6. 全家人围坐在一起，家长讲述瓦特发明蒸汽机的故事 7. 请幼儿观看水烧开以后壶盖的变化，感知蒸气的力量 8. 和宝宝一起做游戏：蒸馍馍 游戏方法：家长和孩子两人面对面坐下，左右手相互交错放在膝盖或桌子上 游戏开始，两人边念儿歌边轮流抽出最下面的手，然后搭在最上面。每念完一句做动作一次，反复进行 游戏规则：游戏时，儿歌不能念错，伸手要快，有节奏地进行。此游戏也可三人玩 附儿歌：小狗熊，离开窝/来到河边蒸馍馍/和好面，点着火/只有锅盖没有锅/小狗熊，忙回窝/一看气得发了火/窝里有锅没有盖/窝外有盖没有锅	1. 蒸菜是一种健康烹饪方式，家长可在平常饮食中适当增加蒸菜品种 2. 带领孩子在厨房观看时注意安全，防止烫伤

神圣的鼎

主要目标领域：社会　　辅助目标领域：语言

【建议目标】

小班

(1) 了解甲骨文字(鼎)，知道鼎在古代的用处。

(2) 初步理解诚信(说话算话)是中华民族的传统美德。

中班

(1) 认识甲骨文字(鼎)并了解鼎的种类和用途。

(2) 知道鼎的象征意义，初步树立诚信理念。

大班

(1) 了解和鼎相关的成语故事，知道鼎的深刻含义。

(2) 感受优秀的传统文化，树立诚信理念。

【活动准备】

(1) 后母戊鼎的介绍短片、鼎的甲骨文字。

(2) 鼎的图片、鼎的演变过程 PPT。

【活动过程】

一、认识甲骨文字(鼎)，初步了解钟鸣鼎()食的含义

1. 观看视频，导入活动

(1) 出示甲骨文字(鼎)，请幼儿猜一猜这是什么字。

(2) 组织幼儿观看关于"后母戊鼎"的介绍短片。

我们看到的后母戊鼎是在河南安阳殷墟发现的，是世界上最大的青铜器。

(3) 出示各种鼎的图片，请幼儿了解鼎的各种形状。

图 4-20　三足两耳圆鼎

图 4－21　四足两耳方鼎

图 4－22　三足两耳圆鼎

小结：鼎有各种样子，有三足的、四足的，有方形的、圆形的，我们现在看到的大都是用青铜冶炼而成的。甲骨文字(鼎)的下面像支撑鼎的腿，上面像鼎的提耳，古人就用这一个字来表示“鼎”。

2. 古时候鼎的作用

(1) 这些鼎是干什么用的呢？它们最早是用陶泥做的，用来煮饭、煮肉，但都因为不容易保存见不到了。现在看到的青铜冶炼制造的鼎，只有古代祭祀时才能用鼎熬制美食，普通人是不能用鼎做饭的。

(2) 古时候的宴会非常热闹，贵族们把盛放着各种美味的鼎摆放整齐，他们一边品尝美味，一边听乐人敲打着乐器。这种生活叫钟鸣鼎食，就是很幸福的生活。现在我们也可以边吃饭边听音乐或看节目，是不是也很幸福呢？

(3) 现在你们家是用什么做饭呢？家里边有这种鼎吗？

小朋友的家里用什么煮饭煮肉呢？回家跟家长讲一讲鼎的作用，再看一看自己家是用什么做饭的，记下来和好朋友一起分享。

二、鼎的演变过程和“一言九鼎”的故事

1. 利用 PPT 展现鼎()的发展过程

鼎在很早以前是一种炊具，就是用来烹饪的锅，但今天我们看到的鼎又大又重，用来做饭很不方便。这是因为随着冶炼技术越来越先进，人们做的鼎越来越大，越来越美。自从有了青铜器制作的各种形状的鼎，鼎就变成了等级、身份、地位的象征。

2. 关于“一言九鼎”的故事

战国时，秦国的军队包围了赵国的都城邯郸，形势十分危急，赵国派平原君到楚国求救。毛遂自告奋勇跟随平原君一起出使楚国。

平原君到楚国后，立即与楚王商谈救援赵国的事情，谈了半天却毫无结果。这时，毛遂

挺身而出，对楚王分析利害，一席话说得楚王口服心服，答应出兵援赵。

平原君回到赵国后感慨地说：毛遂的三寸之舌，真是比百万军队还厉害啊！他只用了一席话，就使赵国的地位比九鼎、大吕（大吕：周庙大钟，与鼎同为国之重器）还重要了！

这就是成语“一言九鼎”的由来。后来这个成语也形容人说的话分量大，一句话就能起到决定作用。

3. 说说其他和鼎有关的成语

你们还知道哪些和鼎有关的成语呢？教师引导并简单讲解：问鼎中原、三足鼎立、大名鼎鼎、钟鸣鼎食，通过这些成语进一步使幼儿懂得鼎的含义。

【活动延伸】

美工区：展示不同形态的鼎，提供陶泥，引导幼儿用陶泥制鼎（小班幼儿可用陶泥搓条摆放成甲骨文“鼎”，中大班幼儿制作立体“鼎”，大班幼儿可用木刀在“鼎”上雕刻纹饰）。

图书区：投放和鼎相关的图书，供幼儿翻阅讲解。

图 4－23　环境创设：“甲骨文中的美食美器”

表 4－7　家庭亲子活动

活动目标	活动准备	活动内容	注意事项
1. 通过活动让幼儿了解炊具的发展史 2. 加强对鼎的认知，感受中华传统文化	1. 收集整理关于鼎的成语故事 2. 带孩子参观博物馆，了解各历史时期的炊具	1. 爸爸妈妈带幼儿参观博物馆，重点了解各个历史时期的炊具 2. 家长向孩子介绍鼎的不同用途 3. 全家围坐在一起学习关于鼎的成语	选择成语时应注意正面引导，选择通俗易懂的常用成语

精美的器皿

主要目标领域：艺术　　　　辅助目标领域：社会

【建议目标】

小班

（1）了解甲骨文字 （皿），初步了解“皿”的作用。

（2）初步培养对美好事物的喜爱之情。

中班

（1）简单认识甲骨文字 （皿），了解“皿”的制作过程。

（2）通过对“皿”的欣赏，培养欣赏美、感知美的能力。

大班

（1）认识甲骨文字 （皿），知道皿的设计和制作过程。

（2）感知并体验制作“皿”的快乐与辛苦。

【活动准备】

（1）视频准备：《陶瓷皿的制作》《陶瓷皿的用途》和《陶瓷皿敲击乐》。

（2）甲骨文字 （皿），以及相关图片（古代、现代、青花瓷等）。

（3） （皿）的空白模具，画笔，颜料（根据幼儿数量而定）。

（4）陶土、陶土制作机。

【活动过程】

图 4－24　古代的皿

一、精美的陶瓷皿

（1）观看视频，了解陶瓷皿（盆）的制作过程。

（2）出示古代的陶瓷皿的图片，观察它们的形状，引出甲骨文字 （皿），逐渐延伸到欣赏现代的陶瓷皿。请幼儿看一看，这些精美的陶瓷皿都非常漂亮，中间都是凹进去的，那它们是用来做什么的呢？

(3) 这些器皿大都以圆形为主，而且相对我们用的碗、碟要大很多。“圆”在我们中国有着团圆的吉祥寓意。所以在过年或者亲戚朋友聚餐时，我们都会用一个又大又圆的陶瓷皿来盛汤，意味着我们大家团团圆圆，皿是我们生活中不可缺少的用具并有着非常吉祥的寓意。

图 4－25　现代的皿

二、动听的陶瓷（皿）乐

(1) 请小朋友闭上眼睛听陶瓷皿的乐曲，想一想这么好听的乐曲是用什么乐器演奏的呢?

(2) 请小朋友睁开眼睛，再次播放乐曲，同时把陶瓷皿的图片展示出来。

原来刚才那么好听的声音是这些精美的陶瓷皿发出来的，而且还可以编成乐曲。那么它们是怎么发出来这些好听又不一样的声音的呢，下面请仔细看一下视频中的叔叔阿姨是怎么来演奏的吧。(播放陶瓷皿演奏的视频)

(3) 组织幼儿讨论：原来陶瓷皿是用敲打来发出声音的。

教师总结：这些好看的陶瓷皿不但可以为我们生活所用，还可以作为乐器为我们演奏动听的乐曲。

(4) 回到家里，我们可以用家里的陶瓷碗来试一试，看能不能敲击出好听的声音。

【活动延伸】

传统文化区域：布置甲骨文字（皿）和古代、现代的各种皿、青花瓷等，让幼儿充分感受国家瑰宝的魅力，同时播放背景音乐《陶瓷敲击乐》。

美工区：画陶瓷皿。小朋友自己设计陶瓷皿的形状，并用彩笔来装饰自己的陶瓷皿画。

表 4－8　家庭亲子活动

活动目标	活动准备	活动内容	注意事项
1. 养成认真、仔细的好习惯，体验制作的辛苦和快乐 2. 了解用木棒敲击不同的陶瓷器皿，会发出不同的声音，尝试演奏的快乐	1. 制作陶瓷的专用泥土、围裙、水、陶土制作机 2. 各种陶瓷器皿、盆、罐，大桌子一张，用来敲击的木棒	1. 和爸爸妈妈一起制作陶瓷器皿 2. 和爸爸妈妈一起装饰或绘画自己的陶瓷器皿，使它更加精美。 3. 和爸爸妈妈一起先观看敲击陶瓷器皿演奏的视频，然后用木棒敲击收集来的陶瓷器皿，听一听各种不同的陶瓷器皿发出的声音，还可以边敲边唱自己喜欢的歌曲	1. 陶土制作机使用时，家长要看护好幼儿，要注意掌握正确的使用方法 2. 注意敲击的力度，防止敲碎陶瓷器皿

生活中的刀

主要目标领域：社会　　　　辅助目标领域：健康

【建议目标】

小班

（1）认识甲骨文字（刀），初步了解刀的用途。

（2）知道刀不能随意乱用，有初步的自我保护意识。

中班

（1）简单了解甲骨文字（刀）的演变过程，了解古代与现代的刀的不同。

（2）了解刀的种类，知道剪刀也是刀的一种并且知道安全使用剪刀。

大班

（1）知道甲骨文字（刀）的含义，了解远古时代刀的演变过程。

（2）知道用刀的安全注意事项。

【活动准备】

（1）各种刀具图片、甲骨文（刀）卡片、苹果。

（2）厨师制作雕花的图片及视频，儿童手工剪刀。

【活动过程】

一、认识厨房中的刀和甲骨文字（刀）

1. 刀的作用和注意事项

师：今天老师给大家带来了一个苹果，请小朋友想一想，我们怎样才能把苹果切开呢？

在用刀切东西时应该注意什么问题呢？刀的作用很大，我们小朋友能随便拿刀吗？请幼儿观看图片，看看这张图片上发生了什么事情？（阿姨的手受伤了）

小结：阿姨在家用刀切菜时，不小心把手切破了，刀非常锋利，我们小朋友不能玩刀。刀的作用很大，但是很危险，如果需要用刀切东西时，一定要小心，用正确的方法取用。

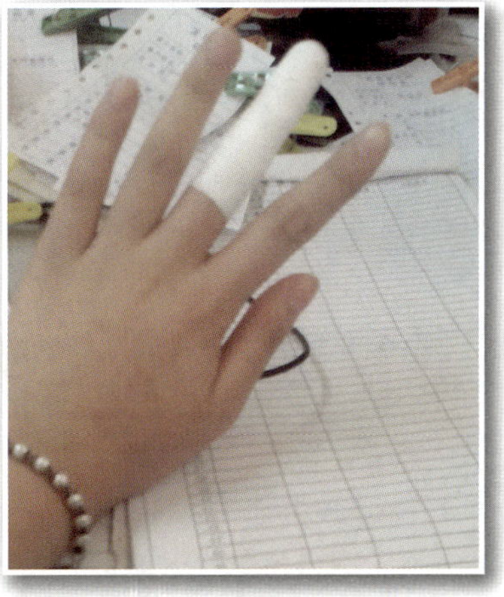

图 4－26　用刀切菜时切到手了

2. 出示甲骨文字 (刀)

请幼儿说一说这个字像什么。这是古代的象形文字，有长长的刀柄，很锋利。然后，再请幼儿用水彩笔来画一画甲骨文 (刀)。

3. 游戏：切西瓜

让幼儿围成一个大圆圈，老师伸出手掌，模仿大刀来切西瓜，将一个大圆圈从中间分开，分成两半的幼儿再变成两个小圆圈，这时可请两个幼儿来切。变成四个圆圈，再请四个幼儿来切，直至切到最后一个幼儿。游戏可反复进行。

二、学用“小剪刀”

1. 讲解故事《学用小剪刀》

刀的种类很多，小剪刀也是其中的一种，今天老师就给小朋友讲一个《学用小剪刀》的故事。

幼儿园上手工课，大象老师教大家剪纸。大象老师告诉大家：“剪刀有尖儿，很锋利，大家使用时一定要小心，要按照我教给你们的方法使用。”大象老师说：“小剪刀，手中拿，大拇指住一间，其余手指住一间，对准纸，张开口，‘咔嚓’一声，剪开啦。”大象老师问：“你们都记住了吗？”小黄鸭、皮皮猴、大眼猫跟着一起说：“记住啦！”他们记住了老师的话，使用剪刀时都特别小心。小黄鸭剪了一只纸老鹰，大眼猫剪了一只纸仙鹤，皮皮猴剪了一只纸公鸡。一阵风从窗外吹进来，桌子上的纸老鹰被风吹起来，飘到了半空中。大眼猫一看，忙把自己剪的纸仙鹤扔到空中，大声叫道：“我的纸仙鹤也飞起来了。”皮皮猴更着急，他把纸公鸡扔向空中，也大叫：“我的纸公鸡飞得最高。”小黄鸭急忙大声喊：“小心剪刀。”可是大眼猫和皮皮猴谁都没听见，两个人一起站起来。糟糕，剪刀被碰落了。尖尖的剪刀碰到了大眼猫的手，碰到了皮皮猴的脚。他们都被扎伤了。小黄鸭急忙找来纱布，为他们包扎伤口。大眼猫和皮皮猴为什么被剪刀扎伤了呢？因为他们还忘了一条：剪刀用完一定要放回工具箱。

2. 如何使用小剪刀

提问幼儿：大象老师为什么说使用剪刀一定要小心？应该怎样拿剪刀？用完剪刀后，大家把剪刀放回工具箱了吗？剪完纸后，发生了什么事情？

教师小结：小朋友们要记住，无论在幼儿园还是在家里，使用小剪刀做手工时，千万不要使用有锋利尖头的剪刀，应该使用钝口圆头的儿童专用剪刀。使用剪刀时，一定要集中精神，眼睛看着剪刀，不能一边说笑一边剪东西。手里拿着剪刀时，不要乱晃动手或四处奔跑。剪刀用完后，要放在安全的地方。给别人传递剪刀时，应该将剪刀自然垂直放于胸下方，尖部朝下，用手握住尖锐的头部，然后才能传递给别人。

【活动延伸】

环境布置：各种各样的刀，厨师雕花的图片和拼盘。请幼儿观察并讨论：这些漂亮的造型是怎么做出来的？

图 4－27　厨师雕花的刀具

图 4－28　漂亮的食物造型

美工区：投放老师切好的蔬菜，请小朋友们自己动手做蔬菜拼盘，比一比谁做的拼盘漂亮。

表 4－9　家庭亲子活动

活动目标	活动准备	活动内容	注意事项
1. 了解刀的演变过程，知道刀是一种危险品 2. 了解刀的用途，学习制作简单的凉菜 3. 锻炼使用剪刀的能力	1. 甲骨文字（刀）的卡片 2. 搜集各种各样的刀具图片或实物 3. 豆腐干、黄瓜、火腿肠、水果刀、案板 4. 幼儿手工剪刀和手工纸，剪好的窗花若干	1. 观察从古到今的各种刀具，讲一讲古人制造刀具的过程 2. 家长首先给孩子讲解使用刀的注意事项，示范如何切黄瓜 3. 请幼儿自己学切，家长在旁边指导把豆腐干、黄瓜、火腿肠切好后放到盘子里，加上佐料，做成凉拌菜 4. 家长示范如何使用剪刀，让幼儿学习用剪刀剪窗花	1. 注意安全，避免切到手 2. 做完后，请幼儿帮助家长一起收拾整齐，养成善始善终、爱劳动的好习惯 3. 幼儿使用的剪刀必须是儿童专用剪刀，注意不用剪刀的时候要及时放回工具箱

神奇的火

主要目标领域：社会　　　　辅助目标领域：健康

【建议目标】

小班

（1）简单认识甲骨文字（火）。

（2）感受火在人们生活中的重要作用。

中班

（1）认识甲骨文字（火），简单了解用火安全和消防知识。

（2）了解与火有关的中国传统节日及活动，知道火对人们生活的重要意义。

大班

（1）了解甲骨文字（火）的演变过程，体会火的出现给人们生活带来的改变。

（2）感受火在中国传统文化中所代表的含义。

（3）了解用火安全知识以及生活中可能出现的与火相关的安全隐患。

【活动准备】

（1）《火把节》动画视频，有关火的民俗图片，甲骨文字（火）及相关图片。

（2）火灾视频，安全隐患标识，贴图若干。

（3）手工制作火把的材料若干。

【活动过程】

一、认识甲骨文“”火，了解薪（火）相传的意思

1. “”（火）的来源

（1）出示甲骨文字“”（火），简单讲解甲骨文中的“”（火）是一个象形字，是古人刻在龟甲兽骨上的文字。

（2）讲解古代的先民是怎样发现火、保存火种的。

很久很久以前，人们大都以生肉、生的植物为食，从不知道火是什么东西。一次雷雨过后，人们到着过火的地方去寻找食物，发现被火烧死的野羊吃起来味道非常鲜美，就想把未熄灭的火种带回山洞，但由于他们不知道怎样保护火种，火很快就熄灭了。又有一次，一个叫燧人氏的人用两根木头制造工具时，发现两块木头磨擦后木头发出了浓浓的烟，并燃着了周围的干草。燧人氏感到十分高兴，连忙把这种方法保存了下来。从此以后，每当火种熄灭时，燧人氏便用两根木头磨擦制造火种，人们慢慢地也就开始吃熟食了。以后，点火工具又不断得到更新。先是火石打火，随后又发明了火柴，进而又发明了电子打火，人们用火越来越方便了。现在火除了可以帮人们做饭、烧水、取暖外，还被用来炼钢、发电、治病等，可以做很多很多的

图 4-29 古人取火

事情。

2. 如何安全用火

火能帮助我们人类做饭、取暖，贡献很大，但是火也有一定的危险，请幼儿观看着火的视频，教育幼儿遇到火灾时应该如何逃生。

3. 传递火把

组织幼儿进行接力比赛，制作手工的火把，以“篝火”为终点进行接力赛跑，让小朋友们传递制作的手工火把，看哪队的小朋友能最先点亮自己队伍的“篝火”，体验运动的快乐，感受传递中的责任感。

教师总结：只有我们所有小朋友一起努力，才能使火把传递下去，点亮“篝火”。

二、和“火”有关的节日

1. 观看课件，了解民俗

教师提问：你知道有哪些关于火的节日吗？（出示图片，边看边讲，了解有关火的民俗活动。）

（1）火把节：热热闹闹。

图 4－30　火把节

（2）篝火节：围着篝火跳舞。

（3）放烟花：火儿开花好漂亮。

（4）送火神：寓意全家生活平平安安，远离火灾。

小结：原来，有关火的民俗活动有这么多，虽然象征的意义各有不同，但大家都是热热闹闹、喜气洋洋、快快乐乐的。

2. 举办一个“火把节”

幼儿自由分组操作，以小组为单位制作道具，堆砌装饰属于自己小组的火把。

（1）教师巡回指导，然后把各个小组的火把进行展示。

（2）幼儿围着自己小组的火把，手拉手围绕火把跳舞。

【活动延伸】

美工区：投放甲骨文字（火）、（水）和（风）的卡片，请幼儿自己作画，并理解水、风、火三者之间的关系，知道风能助燃，水能灭火。

图 4－31　甲骨文“风”“水”的图片

表演区：投放电话卡片“119”、电话机，表演着火时如何求救和逃生。

表 4－10　家庭亲子活动

活动目标	活动准备	活动内容	注意事项
1. 巩固对以前学过的甲骨文的认识 2. 通过活动让幼儿认识到生活中的用火安全知识 3. 在粘粘贴贴中，提高安全保护意识 4. 通过发现生活中可能出现的用火安全隐患，锻炼幼儿的观察能力 5. 在说和做的过程中，锻炼幼儿的归纳能力	1. （火）、（水）、（皿）、（鼎）的卡片 2. 安全标识贴纸 3. 制作物品小图卡 4. 制作归纳图表 5. 火娃娃、水娃娃和风娃娃的头饰	1. 和爸爸妈妈一起玩“过家家”的游戏，用（鼎）做饭，（火）来烧水，（皿）盛饭，边游戏边复习甲骨文字卡 2. 和爸爸妈妈一起发现隐藏在家里的“火”，在家长协助下发现家中的用火火源，以及存在的隐患 3. 全家一起为每个“安全隐患”贴上安全警示标志，并请小朋友讲解，为什么要贴在这里(例如：这是易燃的材料，这里离火源的距离太近等) 4. 当个小安全消防员，与爸爸妈妈一起讨论用火安全小知识以及如何才能杜绝安全隐患 5. 与家长进行比赛，请小朋友们进行易燃物归类比赛，看谁找到的正确物品多 6. 情景表演：家长和幼儿分别扮演火娃娃、水娃娃和风娃娃，戴上相应的头饰。火娃娃走到树林里着火了，水娃娃迅速来灭火，火娃娃倒下，风娃娃来了，火娃娃又站起来。家长和孩子可互换角色，设置不同的场景反复进行	1. 各位家庭成员在活动中要给予幼儿适当的鼓励 2. 在活动过程中，提醒儿童远离火源，发现问题一定要第一时间告知家长 3. 在与幼儿进行活动的时候需先讲解，让幼儿对什么是易燃物有一定的理解

第五章　甲骨文中的动植物

甲骨文中的动植物

- **动物世界**
  - 龙的传人
  - 勤劳善良的牛
  - 可爱的老虎
  - 能干的大象
  - 神气的小马
  - 漂亮的小鱼
  - 花园里的虫宝宝
- **植物王国**
  - 草儿青青
  - 有趣的木、林、森
  - 给小鸟一个家——集

第一节 动物世界

在商代，黄河中下游栖息着许多野兽、飞禽和鱼类，田猎便成为王孙贵族的重要活动。甲骨文中记载了商王和贵族们游乐、军事演习、驯养和畜牧、牲祭等各种活动。本节以“动物世界”为主题，包括龙的传人、勤劳善良的牛、可爱的老虎、能干的大象、神气的小马、漂亮的小鱼、花园里的虫宝宝七个活动，让幼儿从形象、直观的甲骨文中了解与动物相关的文字演变和寓意，激发幼儿爱动物、爱自然的情感。

龙的传人

主要目标领域：艺术　　辅助目标领域：健康、语言

【建议目标】

小班

（1）简单了解甲骨文字（龙）。

（2）知道龙在中国的象征意义，激发幼儿爱祖国的情感。

中班

（1）感知甲骨文字（龙），了解龙的由来。

（2）知道龙在中国民间象征着勇猛、顽强，是中华民族的象征，增强幼儿的民族自豪感。

大班

（1）知道甲骨文字（龙）的象征意义，欣赏龙的形象、色彩和姿态，了解舞龙的意义。

（2）通过看看、学学、玩玩，了解有关龙的民俗风情，提高幼儿参与音乐活动的积极性。

（3）增强幼儿身为“龙的传人”的自信心和自豪感。

【活动准备】

（1）甲骨文字（龙）的卡片、《龙的传人》歌曲、龙的图片。

（2）带有龙图案的物品，如被面、唐装、扇子等。

（3）舞龙道具红绸布、彩球，音乐《金蛇狂舞》。

（4）纸盒、废布、纸管、剪刀、胶带等。

【活动过程】

一、 欣赏歌曲《龙的传人》，初步感知龙的特征

1. 欣赏歌曲

师：今天请小朋友一起来听一首歌，听完以后想一想，歌曲里唱了些什么？歌曲里还唱到了什么？你以前听过这首歌吗？

幼：长江、黄河、龙等。

2. 寻找活动室内的龙

师：长江、黄河是我们中国的两大河流，龙的传人是我们中国人的自称，你们在哪里见过龙呢？请你找一找，我们的活动室里有龙吗？看一看龙藏在哪里？它是什么样子的？

请幼儿在活动室内寻找带有龙图案的装饰(活动室内摆有唐装、被面、扇子等)，并请幼儿说一说自己的发现：你找到龙了吗？它长得是什么样子？请你学一学它的动作。

小结：龙是一种吉祥的图案，也是权力和地位的象征。

图 5－1　传说中的龙

3. 欣赏龙的图片

(1) 请幼儿观察龙的特点，模仿龙的动作。提问：龙长什么样子？谁来学一学它的样子？

小结：龙的头像马的头，龙头上的角像鹿的角，龙的身体像蛇的身体，龙身上的鳞片像鱼的鳞片，龙的爪子像虎的爪子。

(2) 出示甲骨文字(龙)，讲解甲骨文龙的象形特征。

图 5－2　甲骨文字(龙)的卡片

传说中的龙能行云布雨、消灾降福，龙是中华民族所敬奉的图腾，是吉祥雄伟的象征。龙还是中华民族的象征和标志，外国人经常把我们中国称为“东方巨龙”，我们中国人也被称为“龙的传人”。

(3) 再次欣赏歌曲《龙的传人》，并进行简单的表演。

二、 我们来舞龙

1. 欣赏图片

出示舞龙的图片，请小朋友们观察图片里有什么？他们在干什么？你以前见过吗？什么时候见过？

2. 观看舞龙视频

师：人们为什么要舞龙？舞龙好玩吗？他们是怎么舞龙的？

请幼儿徒手模仿舞龙的动作，知道人们以舞龙的方式来祈求平安和丰收是全国各地的一种习俗。

3. 动手制作神奇的龙

利用纸盒、彩纸、废布等，请幼儿分组制作龙头、龙身和龙尾。

4. 游戏：我们来舞龙

引导全班幼儿连成一条长龙，老师手举彩球，带领幼儿随音乐进行舞龙表演，也可以请一个幼儿手举彩球，带领其他小朋友表演。

图 5－3　幼儿在舞龙

【活动延伸】

创设环境：结合学习的要求，在活动室的周围布置甲骨文字(龙)和各种龙的图片。

表演区：为音乐《龙的传人》配伴奏，利用沙锤、碰铃、铃鼓等练习打击乐。

美工区：投放甲骨文字(龙)的卡片，让幼儿来拓一拓、画一画，还可以装饰龙、画龙，巩固对甲骨文的认识。

益智区：投放龙的拼图，请幼儿动手来拼一拼，拓展幼儿的思维。

表 5－1　家庭亲子活动

活动目标	活动准备	活动内容	注意事项
1. 欣赏龙的形象、色彩和姿态，了解龙的象征意义 2. 感受作为“龙的传人”的自豪感 3. 了解有关龙的民俗风情	1. 和龙相关的服饰、建筑图片 2. 甲骨文字(龙)的图片 3. 各行各业“了不起的中国人”的图片、事迹	1. 请幼儿观看图片，说一说龙的各种形象，知道龙代表威严、勇猛和权力，帮助幼儿理解龙对中华民族的深远影响 2. 出示甲骨文字(龙)的卡片，请幼儿仔细观察，说一说甲骨文的龙字和图片上的龙有哪些地方一样，哪些地方不一样 3. 家长和幼儿一起观看“赛龙舟”的视频，给幼儿讲解赛龙舟的风俗由来 4. 制作“龙舟”。家长帮助孩子把收集到的纸箱子制作成“龙舟”，请幼儿来装饰，制作完成后把龙舟带到幼儿园进行展示 5. 结合收集的故事提问幼儿：我们是“龙的传人”，你知道哪些中国人最了不起，为什么？鼓励幼儿大胆想象长大后应该怎样做才能成为一个了不起的中国人	1. 家长要给孩子讲解龙的寓意，让幼儿知道龙在中国的特殊含义 2. 可参照古代皇帝穿的朝服、住的房子、生活用品进行讲解，主要让幼儿了解龙的威严和凶猛 3. 制作龙舟的过程中家长要注意安全，多多指导、帮助幼儿

勤劳善良的牛

主要目标领域：科学　　辅助目标领域：社会、语言、艺术

【建议目标】

小班

（1）初步感知甲骨文字（牛）。

（2）在情景化的活动中，自然萌发对奶牛的喜爱之情。

中班

（1）感知甲骨文字（牛），了解奶牛的特征以及牛奶对人们的益处。

（2）在品尝奶制品的过程中，学会分享，学会感恩。

大班

（1）知道甲骨文字（牛）演变的过程，增加幼儿对象形文字的兴趣。

（2）知道牛对人类的贡献，培养感恩之心。

【活动准备】

黄牛、水牛、奶牛的图片，蒙牛酸酸乳的广告和挤奶视频，幼儿自带两种奶制品。

【活动过程】

一、勤劳的（牛）

1. 猜谜语，认识牛

（1）教师用猜谜语的方法导入活动：今天，老师给大家出一个谜语：任劳又任怨，田里活猛干。生产万吨粮，只把草当饭。请你们猜一猜这是什么动物？（牛）

（2）出示黄牛、水牛的图片，引导幼儿说出黄牛、水牛的名字，并描述牛的外形特征和生活习性。

图5-4　黄牛

图5-5　水牛

2. 出示甲骨文字（牛）

请幼儿猜一猜这是什么字，是怎么猜出来的。教师解释（牛）的象形意义：上面弯弯的像牛角，中间凸出的像牛的鼻子。

3. 了解牛的生活习性

师：你们知道牛喜欢吃什么吗？牛的尾巴为什么总是摆来摆去？

小结：牛喜欢吃草，牛不停地摆尾巴是用它的尾巴赶苍蝇、蚊子，这些飞虫喜欢吸牛身上的血，牛的尾巴就像小鞭子一样，可以把这些可恶的飞虫赶走。

4. 牛的作用

出示黄牛、水牛耕种、拉车的图片，请幼儿观察并讨论：牛对我们人类有什么作用呢？在古代，黄牛、水牛主要是帮助农民耕地拉车，现在随着科技的发展，我们的生活水平提高了，人们已经几乎不用牛来耕地、拉车了。现在的牛主要是为我们提供肉和奶，如果没有牛，我们就吃不到牛肉、喝不到牛奶了，所以我们应该感谢牛。

图5－6 甲骨文字（牛）

5. 拓印甲骨文字（牛）

（1）教师出示提前做好的甲骨文拓片，请幼儿尝试拓印：用排笔在拓片上刷水粉颜色，然后拓印到白纸上，教师巡回指导，提醒幼儿不要弄脏衣服。

（2）评价幼儿作品。等幼儿的作品晾干后，张贴在活动室内，请幼儿互相欣赏，感受拓印成功的乐趣，活动自然结束。

二、感谢奶牛

1. 导入活动

观看“蒙牛酸酸乳”广告片，提问幼儿：“酸酸甜甜”的是什么？你们还喝过什么牛奶？这些牛奶是从哪里来的呢？

2. 观看挤牛奶的视频，了解牛奶是从哪里来的

提问：（1）奶牛长得什么样？（引导幼儿关注奶牛身上的花纹以及硕大的乳房等主要特征。）

（2）你还看到了什么？（知道奶牛吃的是草，挤出来的却是奶。）

（3）牛奶是从哪里来的？（引导幼儿用连贯的语言表达。）

（4）你想对奶牛说什么？（激发幼儿自然萌发对奶牛的谢意。）

讨论：草、奶牛与人之间有什么关系？（教育幼儿热爱自然，保护环境。）

3. 幼儿互相分享好喝的牛奶，感受分享的快乐

（1）今天，小朋友们也带来了各种各样的奶制品，谁愿意给大家介绍一下？

（2）集体互相交流自带奶制品的种类、包装、味道等。

小结：牛奶中含有对人身体有益的蛋白质，营养丰富。吃酸奶还有助于消化，让我们的身体长得棒棒的。我们应该感谢谁呀？（感谢奶牛）

（3）师幼共同品尝好吃的奶制品，活动自然结束。

【活动延伸】

环境布置：在活动室的周围布置黄牛、水牛、奶牛和牦牛的图片，图片的旁边写有甲骨文字（牛），让幼儿通过图片来了解牛的种类及生活习性，知道牛对我们人类有很大的贡献。

美工区：教师可在活动当天在美工区投放写有甲骨文字（牛）的卡片，让幼儿来画一画（牛），拓一拓，认识甲骨文字（牛）。

表演区：请幼儿跟音乐一起表演“挤奶”的律动，体验挤奶的快乐。

表5－2　家庭亲子活动

活动目标	活动准备	活动内容	注意事项
1. 知道文字的演变过程 2. 了解动物的生活习性和基本特征 3. 通过与牛的近距离接触，对牛有充分的了解 4. 萌发对牛的喜爱和感激之情	1. 牛、龙、羊等字的甲骨文图片 2. 相关动物的视频 3. “古人牵牛耕地”的图片 4. 各种牛肉制品	1. 和幼儿一起做游戏：宝贝我问你，××动物在哪里？妈妈告诉你，××动物在这里。幼儿说完后将找到的甲骨文动物卡片举起来 2. 观看视频，知道所找动物的基本活动方式和生活习性 3. 和父母一起讨论牛的外形 4. 家长出示“古人牵牛耕地”的图片。提问：牛在干什么？牛的力气大吗？牛在古代有什么用呢？告诉幼儿，牛在中国几千年的农业社会发展中，对人类做出了很大的贡献。 5. 家长准备牛肉和生牛排，和孩子一起来煎牛排、炖牛肉，做牛肉拉面，品尝牛给我们带来的美味，再次激发幼儿对牛的感激之情	1. 家长在制作卡片的过程中，要注意图文并茂，便于幼儿辨认 2. 陪同幼儿一起观看视频，做适当讲解 3. 在活动中家长鼓励孩子多观察、多问，多讨论。满足孩子的好奇心

可爱的老虎

主要目标领域：艺术、语言　　辅助目标领域：健康

【建议目标】

小班

（1）初步了解老虎的基本特征，简单了解甲骨文字（虎）。

（2）欣赏布老虎，对民间手工艺品产生喜爱之情。

中班

（1）知道老虎的基本特征和生活习性，感知甲骨文字（虎）。

（2）欣赏布老虎生动活泼、夸张稚拙的造型，体会民间手工作品夸张、对比强烈的用色特点。

大班

（1）认识甲骨文字（虎），掌握虎的基本形态特征。

（2）体验中国民间手工作品的用色特点，在剪好的鞋样上进行老虎造型与色彩的装饰，理解对称美，感受布老虎的美好寓意。

【活动准备】

（1）甲骨文字（虎）及相关图片，布老虎实物（虎头鞋、虎头枕、玩具等）。

（2）制作虎头鞋材料：画好的鞋底纸板，半圆形鞋面，绘画工具、剪刀、浆糊。

【活动过程】

一、可爱的布老虎

1. 出示甲骨文字（虎）和布老虎作品，教师讲解甲骨文字（虎）的来历

（1）请幼儿观察甲骨文字（虎），说一说看到的字像什么？（它是根据老虎的样子画出来的象形文字甲骨文）

图 5－7　甲骨文（虎）

（2）出示布老虎、虎头帽、虎头鞋的实物，请幼儿欣赏：这些布老虎的形象和我们平时见到的真老虎不太一样，眼睛大大的，鼻子五颜六色，很夸张、有趣，特别可爱。

（3）欣赏布老虎的鲜艳色彩及对称的图案、花纹。人们在做虎头帽、虎头鞋时最爱用红色、黄色、蓝色、绿色，这些颜色是我们中国人最喜欢的传统色，非常鲜艳夺目，让人看了很快乐，感觉很吉祥。

（4）布老虎的两只眼睛、两只耳朵是对称的，给人一种平衡的美。眼睛是一圈一圈、一层一层重叠在一起的，嘴巴大大的，牙齿尖尖的，看起来非常可爱。

2. 了解制作布老虎物品的用途和寓意

人们为什么要制作布老虎？虎头鞋、虎头枕等都是我们中国的传统民间手工艺品，妈

图 5-8 手工艺品：老虎鞋

妈一针一线地缝好送给小宝宝，希望宝宝们长得像小老虎一样活泼可爱、虎头虎脑、勇猛健壮。

3. 请幼儿制作虎头鞋

布老虎物品好看又实用，让我们亲手来做一双漂亮的虎头鞋吧！（鼓励幼儿尝试用画、折、剪、贴等多种方法制作虎头鞋）

4. 评价活动

展示幼儿的作品，请幼儿互相欣赏，比比谁的虎头鞋最漂亮。

二、双簧游戏：虎头鞋

1. 请幼儿听音乐《老虎鞋》

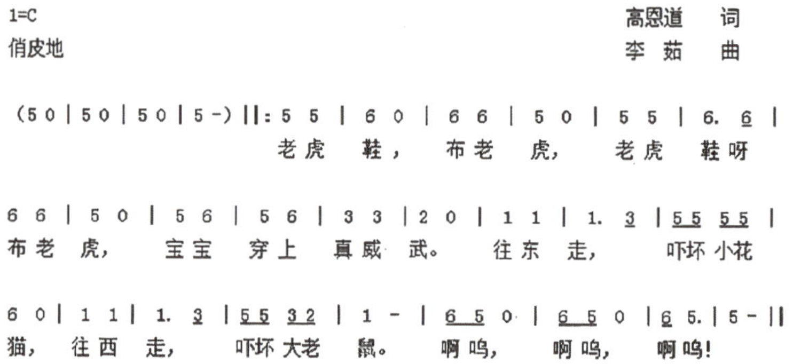

图 5-9 《老虎鞋》乐谱

2. 双簧表演

（1）教师讲解：扮演“前脸”的幼儿戴上老虎手套置于身体背后，唱歌时表情丰富；扮演“后脸”的幼儿将双手搭在“前脸”幼儿的肩上，只做夸张的动作。歌曲结束时亮出老虎手套。（每组一个自制老虎手套，一面是真的老虎、一面是假的布老虎）

（2）游戏开始：扮演“前脸”的幼儿富有表情地唱歌，但不能做动作；扮演“后脸”的幼儿只做动作不唱歌。扮演“前脸”的幼儿在歌曲唱完后，双手打开并出示真（假）老虎于“后脸”，然后绕椅子一圈去抓“后脸”。扮演“后脸”的幼儿在看到“前脸”出示的真（假）老虎后做出快速反应。扮演“前脸”的幼儿去抓“后脸”时，“后脸”跑到安全地方时，“前脸”不可再去抓。

第一遍：请幼儿两两一组，互相协商谁当“前脸”谁当“后脸”。歌曲演唱结束后，扮演“前脸”的幼儿出示假老虎并环绕椅子一圈去吓唬“后脸”，“后脸”做出正确判断，“后脸”坐在原位不动，表示胜利。

第二遍：游戏同前。扮演“前脸”的幼儿出示真老虎并环绕椅子一圈去抓“后脸”，“后脸”做出正确判断，“后脸”快速跑到安全的地方。

（3）游戏可反复进行。

【活动延伸】

表演区：投放面具，让孩子自主表演双簧游戏。

图书区：投放和老虎有关的图书，请幼儿自己选择翻阅。

美工区：投放和布老虎相关的粘贴图片、橡皮泥、水彩笔等，幼儿可以粘贴老虎帽、老虎枕、老虎鞋；也可以画一画甲骨文字（虎），展示在活动室内。

表 5－3　家庭亲子活动

活动目标	活动准备	活动内容	注意事项
1. 在活动中进一步认识了解传统民俗的美好寓意 2. 知道老虎的凶猛 3. 能遵守规则	1. 有关布老虎的图片 2. 请家长搜集真实的老虎图片 3. 人、枪、虎的标记	1. 家长将搜集到的虎头鞋、虎头帽、布老虎等布置在幼儿的房间里，给幼儿讲一讲相关的故事，送上对孩子的美好祝愿 2. 出示凶猛的老虎图片，讨论老虎的生活习性：世界上哪些地方有老虎？老虎喜欢吃什么？ 3. 让孩子知道，老虎有华南虎、东北虎、孟家拉虎等。老虎在我国属于国家一级保护动物，人们不能随便捕猎老虎 4. 家长和孩子一起做游戏“人、枪、虎”：“人”——双手抱肩，“虎”——双手曲臂，五指分开，“枪”——双手在胸前做打枪状，边念儿歌边做游戏：人枪虎、人枪虎、人枪虎。看看是谁更厉害！当说到最后一个字时迅速做动作，根据“人怕虎、虎怕枪、枪服人管”的规则来判断输赢，游戏可反复进行	1. 和宝宝一起制作时注意用剪刀的安全 2. 给幼儿讲解时注意结合甲骨文讲解文字的演变 3. 注意结合以前学过的甲骨文，巩固练习 4. 做游戏时，家长要放下架子，和幼儿商量好角色，尊重幼儿的选择，注意亲子的融洽和谐，提升游戏的趣味性

能干的大象

主要目标领域：科学

辅助目标领域：语言、数学

【建议目标】

小班

（1）简单感知甲骨文字（象）。

（2）知道大象的本领大，萌发爱护动物的情感。

中班

（1）初步认识甲骨文字（象），了解大象的寓意。

（2）通过观察让幼儿知道大象的外形特征和它的生活习性。

大班

（1）认识甲骨文字（象），了解关于大象的故事，知道多种测量方法。

（2）增强爱护动物、保护大自然的意识。

【活动准备】

甲骨文卡片、大象图片、拼图、布条。

图 5-10　大象

【活动过程】

一、长鼻子的大象

1. 导入活动

（出示图片）今天老师给大家请来了一位好朋友，它是谁呢？让我们一起来看看吧。

2. 大象的特征

大象长得是什么样的呢？（一根长长的鼻子，两个尖尖的象牙，两只大大的耳朵，四条粗粗的腿，一条小小的尾巴，身上没毛）大象的鼻子有什么特点呢？（像水管，像香蕉，像月亮）

3. 认识甲骨文字（象）

师：请小朋友猜一猜这是什么字？几千年来，人们与大象结下了不解之缘，人们喜欢大象，崇拜大象，把大象看成是吉祥、力量的象征。云南西双版纳地区是大象的天堂，当地老百姓十分喜爱大象，以大象作为吉祥物放在家中寓意平安吉祥、招财进宝。大象长得这么大，那它走起路来是什么样子的？我们来学一学大象走路的样子吧。

4. 大象的生活习性

你们知道大象生活在哪里吗？它的家在哪里？（森林里）

大象喜欢吃什么呢？（树叶、草、水果等，它不吃肉。）

大象是怎么吃东西的呢？（它的长鼻子像手一样，摘树叶、果子，然后送进嘴巴里。）

图 5-11　甲骨文字（象）

大象的鼻子除了可以抓东西，还有什么本领呢？（大象的鼻子不仅能抓东西，还能呼吸、闻气味。大象生活的地方非常热，所以它就用它的长鼻子往身上洒水，保护它的皮肤不让太阳晒伤。）

大象的耳朵可以用来干什么吗？（大象生活的地方非常热，它就用它的大耳朵当扇子，使自己的身体凉快凉快。）

5. 大象是我们的朋友

师：大象能为我们做这么多的事，它是我们人类的好朋友。大象能帮人们搬运东西，驮货物，训练好了的大象还能为人们表演节目呢。可是有人却捕杀大象，把大象杀死后取走它的象牙卖掉。小朋友说这样做对不对？我们应该怎么办？（保护大象，不能捕杀大象。）

6. 拼图游戏

师：今天小朋友都认识了大象，也知道了大象是我们人类的好朋友，下面我们来做拼图游戏，看谁能把大象拼得又快又好？

二、盲人摸象

1. 组织幼儿观看《盲人摸象》的图片，了解大象的形体特征

故事大意：从前，有四个盲人，从来没有见过大象，不知道大象长什么样，他们就决定去摸摸大象。第一个人摸到了鼻子，他说："大象像一条弯弯的管子。"第二个人摸到了尾巴，他说："大象像个细细的棍子。"第三个人摸到了身体，他说："大象像一堵墙。"第四个人摸到了腿，他说："大象像一根粗粗的柱子。"

图 5－12　盲人摸象

2.《盲人摸象》的含义

教师讲解：《盲人摸象》告诉我们的道理是看事情要全面，不要分割开来。坚信和坚持自己的观点很重要，但也要学会听别人的观点，以把事情了解得更全面，更准确。此外，故事也告诉我们，要学会和同伴合作，互相分享经验。

3. 游戏：盲人摸象

游戏规则：全班幼儿手拉手围成一个大圆圈，一名幼儿用布条将眼睛蒙上当"盲人"，大象图片一张放到圆圈的中央，全体幼儿边念儿歌边转圆圈，等"盲人"说停的时候，所有的幼儿都不能动，"盲人"向前去摸大象图片并说出摸到大象的什么部位。游戏反复进行。

【活动延伸】

娃娃家：幼儿操作大象玩偶，模仿大象浇水、运货，给其他小动物当滑梯等。

益智区：投放（象）字的甲骨文字和其他的甲骨文字，幼儿自己玩配对游戏。

手工区：放置大象拼图，让幼儿自由拼摆，还可以根据折纸的步骤图来折大象。

表 5－4　家庭亲子活动

活动目标	活动准备	活动内容	注意事项
1. 了解故事内容，养成善于动脑筋、勤于观察的好习惯 2. 提高身体的柔韧性和协调性	1. 大象的甲骨文卡片和轮廓图 2. 鸡蛋壳、胶水等 3.《曹冲称象》故事书或视频 4. 沙包	1. 请幼儿根据大象的轮廓图，用蛋壳来装饰，家长在旁边指导，完成后将大象的甲骨文字卡片粘贴到作品上 2. 讲故事《曹冲称象》，让幼儿知道大象很重、很大，想知道它的重量很难，曹冲很聪明，想出了一个很好的办法来称象 3. 大象运粮：幼儿和家长弯下腰，背部放上沙包，两手向下握住踝关节，两脚交替向前行进，中途沙包不能掉下来，先到终点者为胜	1. 做蛋壳画时注意别把胶水涂在轮廓的外面，保持画面干净 2. 游戏活动中注意安全

神气的小马

主要目标领域：艺术、语言　　　　辅助目标领域：健康

【建议目标】

小班

(1) 简单感知甲骨文字(马)。

(2) 初步了解马的基本特征，体验骑马游戏的快乐。

中班

(1) 认识甲骨文字(马)，知道马的基本特征和生活习性。

(2) 欣赏马的各种姿态，培养幼儿对国画艺术的审美情感。

大班

通过自己的联想，学习用语言和动作来表达对“奔马”的感受。

【活动准备】

(1) 甲骨文字(马)的卡片、小马图片，树林、草原的图片，小马玩具、竹竿等。

(2) 徐悲鸿的《奔马》图，《赛马》曲、马奔跑的录音、马的各种动态图。

【活动过程】

一、神气的小马

1. 认识甲骨文字(马)

(1) 出示小马的图片，请小朋友说一说这匹马长得什么样子？

马有长长的脖子，脖子上有长长的鬃毛，马的腿结实有力，马还有长长的尾巴。

(2) 教师出示甲骨文字(马)的卡片，请小朋友认识甲骨文字(马)。甲骨文字(马)是古人根据马的头、鬃毛、尾巴形状造出来的，像画画一样。

图5-13 甲骨文字(马)

2. 讲解马的生活习性

师：马吃什么呢？马有什么作用呢？马的主要食物是草。马原先都是野马，后来被人类驯服。驯服的马可以骑乘、拉车、载重等，在古代是农业生产、交通运输和军事等活动的主要工具。现在许多游牧民族的日常生活仍然与马密不可分。

3. 小朋友画马

教师出示不同形态马的图片，请幼儿仔细观察马的动态，然后自己开始画马。也可以画甲骨文的马，画好后可以添画背景，如树林、草原、山坡等，最后将自己的作品展示出来，活动结束。

图5-14 幼儿作品《神气的小马》

二、奔跑的马

1. 欣赏徐悲鸿的《奔马》图

(1) 放马儿奔跑的录音：小朋友听一听，这是什么声音？小朋友看到过马奔跑的时候是什么样子吗？

(2) 教师出示徐悲鸿的《奔马》图：请小朋友看一看，画面上这些马在干什么？看上去怎么样？（引导幼儿欣赏马奔跑时强健有力、奔跑如飞的动态。）

(3) 看一看，猜一猜：这幅画是用什么工具画成的？笔锋看上去怎么样？墨的浓淡看上去怎么样？（引导幼儿欣赏画家用毛笔的中锋、侧锋所表现的奔马造型。）

(4) 请幼儿观察、欣赏、讨论后，教师进行总结：这幅画是用水墨和毛笔画成的水墨画，是我们的国画。画面上奔马的整体轮廓是用中锋圆厚、有力的线条画成，马尾、马鬃是用侧锋锐利多变的线条画成的，而且这些水墨有浓有淡，使得这些马看上去变化多样，各有不同，立体感很强。远远看上去，这些马好像要从画面上跑下来了。

（5）请小朋友看一看，画面上画了几匹马？你能看出来马在什么地方吗？

这幅画没有画什么背景，但从马奔跑的姿态上可以联想到，马是从一个很大很远的地方向我们飞奔而来的。

（6）这幅画的名字叫《奔马》，是我国著名的画家徐悲鸿爷爷画的。他画过很多很多的画，其中，他画的马是人们最喜欢的，也是最有名的，我们大家要向徐爷爷学习，练好本领，画出美丽的画。

2. 请小朋友自己来学一学马奔跑的样子，并随音乐有秩序地跑出教室

【活动延伸】

图 5－15　小朋友在骑小马

语言区：教师在语言区里摆放甲骨文字（马）的卡片（多种颜色），让幼儿学说“我有一匹小红马，长长的脖子大尾巴。嘚儿驾，嘚儿驾”。（重点练习嘚儿驾，嘚儿驾的发音，增加幼儿学习的兴趣）

美工区：教师提前将马各个部位的拼图散放到筐子里，让幼儿在建构区里拼出一幅完整的马，巩固幼儿对马的认识。也可以让幼儿画马，用橡皮泥来捏一捏马。

环境创设：在活动室粘贴各种各样颜色的马，有托运东西的马、拉车的马、战场上的马、大草原上放牧的马等，让幼儿近距离了解马，丰富幼儿对马的认知。

户外活动：教师组织幼儿在户外游戏时请小朋友骑竹竿马、骑小马玩具等增加游戏的乐趣，使幼儿进一步增强对马的认识。

表 5－5　家庭亲子活动

活动目标	活动准备	活动内容	注意事项
1. 简单了解蒙古族人民的喜好和生活习性 2. 在活动中进一步认识、了解马的生活习性 3. 在游戏活动中体验骑马的乐趣	1.《赛马曲》的视频 2. 甲骨文卡片和头饰，以及各种动物的轮廓图 3. 马的图片及有关骑马的游戏	1. 家长和幼儿做游戏“请你猜一猜”，复习巩固（虎）、（象）、（马）等 2. 将事先准备好的老虎、大象、小马的轮廓图摆放好，请幼儿用油画棒填充颜色，涂完颜色后尝试在画面上写上甲骨文，使画面更加丰满 3. 给幼儿讲解蒙古族人民的生活特点，并请幼儿带上甲骨文“马”的头饰，家长和幼儿一起欣赏并表演《赛马》曲 4. 家长根据搜集到的有关马的动态图片，请幼儿用一句话概括，如马在吃草、奔跑的马等 5. 家长在室内可以和孩子一起玩情景游戏“骑大马”“我唱歌儿骑着马”“大马大马告诉我”“马儿哟你慢慢跑”等。游戏玩法：幼儿骑到家长的背上，边唱边玩	注意安全以及活动的趣味性

漂亮的小鱼

主要目标领域：语言　　　　　　　　　　　　辅助目标领域：健康、艺术

【建议目标】

小班

（1）简单感知甲骨文字（鱼）。

（2）知道给鱼喂食的方法。

中班

（1）了解甲骨文字（鱼），知道海洋中有各种各样形态的鱼。

（2）了解鱼类的基本特征，初步知道鱼类的身体结构是与水中生活相适应的。

大班

（1）了解鱼的外表和生活习性，知道鱼是生活在水里的动物。

（2）知道鱼类和其他动物间的关系，初步树立爱护水资源的环保意识。

【活动准备】

动画片《小鲤鱼跃龙门》，各种鱼类图片，甲骨文字（鱼）的卡片。

【活动过程】

一、小鲤鱼跃龙门

1. 看动画片《小鲤鱼跃龙门》，认识甲骨文字（鱼）

（1）教师提问：小鲤鱼们的梦想是什么？它们在寻找龙门的路上都碰到了什么？它们找到真正的“龙门”了吗？小鲤鱼们跃过龙门了吗？它们是怎样跃过龙门的？

教师总结：小鲤鱼们都有一个梦想，那就是想找到传说中的龙门，去跳龙门。这个故事告诉了我们，只要坚持梦想，不怕困难，不断努力，就一定能成功。

（2）出示甲骨文字（鱼），请幼儿猜一猜这是什么字？教师简单讲解古人造字的方法。

图 5－16　小鲤鱼跃龙门

请幼儿描画一下甲骨文字(鱼)。

图 5－17　甲骨文“鱼”

图 5－18　小朋友在做游戏

(3) 做游戏“小鲤鱼跃龙门”,锻炼幼儿的跨跳能力。

2. 放音乐,教师与幼儿一起边说儿歌边做鲤鱼操

儿歌:今天天气真正好,小鲤鱼呀起得早,跟着妈妈来做操,游来游去真快乐!

将小皮筋的两端固定好,请幼儿练习跑步跨跳动作,然后逐步提高皮筋高度,让幼儿感受克服困难和成功的喜悦,游戏可反复进行,最后跟老师一起做放松活动“小鲤鱼游一游”。

二、各种各样的鱼

1. 观察图片

播放关于鱼的音像或图片资料,请幼儿注意观察鱼的外形特征。

师:你看到了哪些鱼?说一说它们的名字。你知道鱼的身体各部位的名称吗?你知道鱼和我们人类的关系吗?

小结:鱼的种类有很多,形状、颜色各有不同,鱼生活的环境也不同,有的生活在淡水里,有的生活在海水里。鱼喜欢生活在干净的、没有污染的水里,水的清洁对鱼很重要,所以我们小朋友要保护水源,不能往水里扔脏东西。

2. 折纸活动

出示步骤图,请幼儿根据图示折“漂亮的小鱼”。幼儿折纸时教师要适时进行指导,折好后进行装饰,添画甲骨文字(鱼),也可以添画其他的鱼类和水里的生物。

【活动延伸】

表演区：投放甲骨文字（鱼）的头饰，用套圈代替渔网，请小朋友自己选择角色做《网小鱼》的音乐游戏。

图书区：投放故事书《小鲤鱼历险记》《海底世界》等，供幼儿翻阅。

美工区：投放手工纸、橡皮泥、小剪刀等，请幼儿自主选择泥工、绘画、线描装饰画、涂色等。

益智区：投放蒙氏教具“鱼形嵌板”，让幼儿进一步了解鱼的身体构造。

表 5－6　家庭亲子活动

活动目标	活动准备	活动内容	注意事项
1. 提高思维的敏捷性 2. 能运用各种感官，主动去了解常见鱼的种类、名称 3. 在活动中初步感受鱼和人类的关系，为孩子提供一个养鱼的机会，随时引导孩子观察和记录鱼的生活习性和生长过程	1. 甲骨文字（鱼）、（网）的图片 2. 与主题活动相关的资料 3. 家中准备小鱼缸、鱼饵	1. 出示甲骨文字（鱼）（网）的图片，请幼儿说出是什么字。 2. 和幼儿一起做“网小鱼”的游戏：当家长出示（网）时，小朋友要迅速跑到妈妈的怀里；出示（鱼）的时候，就跑出去自由自在地游，锻炼幼儿动作和思维的敏捷性 3. 幼儿为妈妈表演歌曲《一条鱼》，练习小鱼游来游去的动作。家长陪幼儿利用多种方式来复习鱼、网的甲骨文（泥工、绘画、线描装饰画、涂色等），巩固幼儿对甲骨文的认识 4. 音乐游戏“钓鱼记”：家长首先请幼儿欣赏歌曲，记住歌词，然后启发幼儿创编动作来表现小金鱼、美人鱼、大白鲨，家长可以和幼儿一起分角色表演	1. 和家长做游戏时要注意安全，防止摔伤和滑倒 2. 饲养小鱼时提醒幼儿不往水里乱扔东西，只能投放鱼饲料或蚯蚓等，防止喂养不当导致小鱼死亡

花园里的虫宝宝

主要目标领域：健康　　辅助目标领域：科学

【建议目标】

小班

（1）简单了解甲骨文字（虫）。

（2）学习手、脚协调向前爬的能力。

中班

（1）初步感知甲骨文字（虫）。

（2）练习手、脚协调向前爬的能力，发展大肌肉群的灵活性。

大班

（1）认识甲骨文字（虫）。

（2）简单了解各种各样的虫，知道虫子分为害虫和益虫，初步学会对虫子进行分类。

【活动准备】

（1）图片“桑叶上的蚕宝宝”，甲骨文龟甲图片，各种虫子图片。

（2）跳跳袋每人一个，纸板饼干若干。

（3）“”样式的虫子头饰。

【活动过程】

一、了解蚕的生活习性，认识甲骨文字（虫）

1. 观察图片

出示桑叶上的蚕宝宝图片，请幼儿观察：图片上都有什么？蚕宝宝在干什么？它长得什么样子？

图 5－19　桑叶上的蚕宝宝

2. 出示甲骨文字（虫），请小朋友们猜一猜这是什么字

图 5 - 20　甲骨文（虫）

二、学习爬行的动作要领

1. 蚕宝宝爬呀爬

（1）出示布袋，讲解、示范蚕宝宝（虫）的爬行动作。站在袋内，手提袋子跳一跳将脚踩到袋底，把袋子提至胸部，双手抓住袋口，跪地，慢慢趴下，练习蚕宝宝（虫）向前爬行的样子，一扭一扭的，像扭扭虫一样。（小班幼儿以爬行为主，中班幼儿可以尝试跳跳袋。）

（2）幼儿自由练习蚕宝宝（虫）爬行，教师随时注意孩子的安全。

图 5 - 21　教师示范

2. 蚕宝宝（虫）吃桑叶

玩法：场地四周放好纸板桑叶若干块，幼儿在场地中间。请孩子像蚕宝宝（虫）一样，爬到场地四周吃桑叶，“吃”饱了再爬到场地中间。

3. 蚕宝宝（虫）运桑叶

玩法：要求幼儿扮做蚕宝宝（虫），排成十字队形，分四队爬向四角取桑叶，然后用手提袋学袋鼠跳回来，把饼干放到中间的篓子里，比赛哪组运得快。

三、认识害虫和益虫

1. 各种各样的虫子

（1）老师出示各种虫子的图片请幼儿观察，说说自己认识的虫子，它们长什么样子？生

活在什么样的地方？喜欢吃的食物是什么？

（2）教师简单讲解益虫和害虫的概念：对人类有好处，吃害虫保护庄稼、树木、花草的虫子，我们称它们为益虫（如蚕、螳螂等）；对人类有害处，损害庄稼、树木、花草的虫子，我们称它们为害虫（如苍蝇、蚊子等）。

（3）总结：我们小朋友要保护益虫，消灭害虫，保护环境，做一个对社会有用的人。

2. 游戏：虫子联欢会

（1）请幼儿根据虫子的生活习性及特征创编动作。

（2）幼儿自选头饰扮演虫子，在音乐《虫儿飞》的伴奏下做动作；音乐停，扮害虫的幼儿立即蹲下不动，扮益虫的幼儿就喊“苍蝇（蚊子、蟑螂），消灭它”。幼儿互换头饰，游戏继续进行，可反复多玩几次，巩固对害虫和益虫的认识。

【活动延伸】

环境创设：“花园里的虫宝宝”，老师和幼儿积极寻找各种虫子的资料来布置环境，丰富内容。

图书区：投放和虫子有关的各类图书，让幼儿进一步了解各种虫子的生活习性。

美工区：投放橡皮泥、卡纸等，让幼儿来制作虫子。

饲养区：提供工具，让幼儿饲养蚕。

表 5－7　家庭亲子活动

活动目标	活动准备	活动内容	注意事项
1. 在活动中认识甲骨文字 2. 了解各种虫子的生活习性	1. 各种虫子的甲骨文字和动物图片、橡皮泥、牙签、卡纸等 2. 在家中准备一个合适的物品饲养蚕 3. 有关虫子的标本和图片	1. 家长提前准备甲骨文虫字“[illegible]”的图片和其他简单的甲骨文字，如草、木，山、水等，请幼儿用橡皮泥来搓一搓“[illegible]”（虫），用牙签在吹塑板上刻一刻“[illegible]”（虫）和其他的甲骨文字。活动结束后，家长可和幼儿一起用卡纸布置一个有山、有树、有草、有水的充满甲骨文情趣的小花园，然后将幼儿制作的小虫子放到其中 2. 家长将搜集到的有关动物的甲骨文字图片逐一出示，请幼儿猜一猜是什么字？ 3. 带领幼儿寻找虫子，探寻虫子生活的环境和生长习性，如蝴蝶喜欢飞在花丛中，蚕喜欢吃桑叶等 4. 在家中找一个合适的物品饲养蚕，鼓励幼儿对自己饲养的蚕进行细心观察，并记录蚕的生长过程 5. 根据虫子的标本和图片来进行分类，巩固幼儿对害虫和益虫的认知	1. 家长要用游戏的方式给孩子讲述，避免生硬枯燥，使孩子产生厌烦情绪 2. 在户外寻找虫子的活动要注意安全，避免摔跤

第二节 植物王国

殷商时期气候温润，河流纵横，森林沼泽密布，水草丰盛。甲骨文中有着丰富的植物词语，体现了三千多年前人们对植物的认知水平、人和植物的重要关系，以及人们对植物细致观察后表现的结果。本节以“植物王国”为主题，包括“草儿青青”“有趣的木、林、森”“给小鸟一个家——集”三个活动。让幼儿感知植物甲骨文字的象形特点，了解植物与人类的密切关系，树立爱护树木、保护生态环境的意识。

草儿青青

主要目标领域：语言　　辅助目标领域：社会、科学

【建议目标】

小班

(1) 简单了解甲骨文字（草）、（火）。

(2) 懂得要爱护小草、保护环境。

中班

(1) 初步感知甲骨文字（草）、（火）、（香）、（禾），感知古人造字的智慧。

(2) 培养探索自然的兴趣，感知小草的特征，加深对草的认识。

大班

(1) 认识甲骨文字（草）、（火）、（香）、（禾），了解甲骨文的象形特点。

(2) 理解古诗，能说出大意，初步懂得要像小草那样不怕困难、顽强不屈。

【活动准备】

(1) 甲骨文字（草）、（火）、（香）、（禾）等的胸饰。

(2) 香草、薄荷、艾叶、丁香、精油、香水等，袋子、香包图片等。

【活动过程】

一、 青青的草

1. 学习古诗《草》

(1) 导入：春天来了，什么从土里长出来了？

幼儿看课件：小草钻出地面，草郁郁葱葱，火烧起来了，草被烧没了，春风吹起来，草又长出来了。

(2) 简单介绍甲骨文，认识(草)、(火)。

图 5 - 22　青青的小草和枯黄的小草

(3) 播放课件，欣赏古诗《草》。

(4) 讲解古诗：原野上长满了茂密的野草，每年都要枯萎一次繁茂一次，不管烈火怎么无情地焚烧，只要春风一吹，原野上又会长出青青的野草。

2. 幼儿分组表演古诗

幼儿戴上甲骨文胸饰，一组幼儿扮演(草)，另一组幼儿扮演(火)，中途幼儿可以互换角色表演。

二、 香香的草

1. 认识甲骨文(草)

(1) 学习古诗《锄禾》，提问幼儿：你知道什么是禾吗？

(2) 出示甲骨文(禾)，介绍禾是特指稻，也是粮食作物的总称。

(3) 出示甲骨文(香)，帮助幼儿理解其意义。香的上面是禾，下面是甘或口，小点表示禾谷发出的气味。表示禾谷味美甘甜，香气四溢。它的本意是指禾谷散发的香味，引申为好闻的气味。

(4) 你知道什么草有香味吗？(如薰衣草、藿香、薄荷、香茅等)

它们有什么用？(有的香草可以吃，有的可以制作香料、香水，还有很多有药用价值，可以安神催眠、杀菌、驱虫。)

(5) 出示香草薄荷、艾叶等，让幼儿看一看、闻一闻，再出示香水、精油，让幼儿感受它们的香味。

(6) 古时候人们就发现了许多草有香味，它们的香味可以醒脑提神，让人心情愉快，甚至还可以治病呢。

2. 制作香包

（1）出示香包图片，向幼儿介绍香包的来历，让幼儿了解中国有关香包的传统文化（古时候小朋友晨昏叩拜父母必须佩带香包，人们佩戴香包有礼仪作用，每到端午节人们就把有杀菌作用的雄黄、艾草、菖蒲等香草研成粉末，用布包起来戴在胸前，使蚊虫不来侵扰，这慢慢就形成了一个传统流传下来）。

图 5－23 香包图片

（2）出示材料，让幼儿动手做香包，在香包上贴上甲骨文字（香）。

（3）幼儿交流分享自己制作的香包。

【活动延伸】

户外活动：带领幼儿到户外去踏青，请幼儿在草地上爬一爬、滚一滚、闻一闻，感受小草的清香，教师和幼儿围坐在一起，说一说小草的特征与感受。

表演区：投放甲骨文（草）、（火）、（香）、（禾）的胸饰，请幼儿自主选择，戴上甲骨文胸饰表演古诗《草》《锄禾》。

图 5－24 甲骨文（草）、（香）

表5－8　家庭亲子活动

活动目标	活动准备	活动内容	注意事项
1. 和孩子找一找石头缝等地方的草，感受草的顽强 2. 让孩子认识更多的蔬菜，知道它们的可食用部分 3. 让幼儿动手做香包，提高动手能力，了解中国的传统习俗	甲骨文（草）、（火）、（香）、（禾）的卡片	1. 和孩子一起认识甲骨文字（草）、（火）、（香）、（禾），并试着用这些甲骨文组成词语，连成一句话，然后编一个有趣的故事 2. 把这些甲骨文字做成头饰，和孩子一起做游戏，并且要做自我介绍：如我是（草） 3. 和孩子一起做不同样式的香包，在香包上贴上甲骨文字（香），然后把它当作礼物赠送给自己的亲人或好朋友，讲一讲它的含义和传统习俗	1. 陪孩子一起做游戏时注意激发兴趣，采用多种形式，避免游戏的单一性 2. 制作香包时家长一定要看护好幼儿，注意安全 3. 引导幼儿使用礼貌用语

有趣的木、林、森

主要目标领域：语言、艺术　　辅助目标领域：健康

【建议目标】

小班

（1）简单感知甲骨文字（木）。

（2）通过活动体验游戏的快乐。

中班

（1）知道甲骨文字（木）的基本特征，了解甲骨文字（木）、（林）、（森）造字的特点。

（2）知道树对人类的重要性，懂得爱护树木。

大班

（1）认识甲骨文字（木）、（林）、（森），知道带有“木”字偏旁的汉字都与“木”有关。

（2）认识常见的木制品，知道保护环境的重要性。

【活动准备】

（1）甲骨文字（木）、（林）、（森）的卡片。

（2）含有“木”字旁的操作卡片人手一份。

【活动过程】

一、认识甲骨文字（木）、（林）、（森）

1. 认识树木的特征

（1）出示“树”的图片，请幼儿观察：这是什么？（树）长在什么的上面？它能动吗？

（2）教师出示甲骨文字（木）的卡片，请小朋友猜一猜这是什么字（这个字是“木”，古人就用这个字来表示“树”）。中间直直的树干，下面是树根，扎得稳稳的，采取了象形的造字法。

中大班幼儿可以接着认识（林）、（森），让幼儿知道一棵树是（木），两棵树是“林”，许多的树在一起就变成了“森”，也就是森林。

（3）让幼儿用身体动作来表现：一个人为木，两个人为林，三个人为森，许多人就是森林。

2. 游戏：“我们都是木头人”

（1）讲解游戏规则：参加游戏的幼儿一起说儿歌，边说儿歌边拍手，老师带领孩子一起向前走，当说到儿歌最后一句时，迅速停下，幼儿的身体做出各种动作，摆出姿势不动，教师扭回头看，如果谁动了或笑了，就要被停止游戏。（儿歌：山连山，水连水，我们都是木头人，一不许动，二不许笑，三不许露出小白牙。）

（2）游戏反复进行。

二、树木的作用

1. 出示图片，了解树木的作用

（1）请幼儿仔细观察图5－25：图片上有什么？树对人类有什么作用？（图一早上人们锻炼身体，树能使空气清新。图二：夏天，人们可以坐在树荫下乘凉。图三：果树可以结出各种果实供我们食用。图四：森林可以防止风沙。图五：树林可以吸收工厂排出的废气。图六：树林可以防止水土流失。图七：树木可以做成许多家具和生活用品。）

图5－25　森林可以防止风沙

（2）组织幼儿互相交流并讨论：树木能给人类带来哪些益处？

树木能使我们的城市更漂亮；树木能净化空气，使我们周围的空气变干净；树木可以防风沙、防泥石流；树木还可以造房子，做家具；种植果树还能让人们一年四季都吃到水果。

（3）树木能给我们带来这么多的好处，在日常生活中我们应该爱护树木，做个保护环境的小卫士。请幼儿讨论保护树木的方法：不踩小树苗；不在树枝上悬挂重物；不在树干上乱写乱画等。

2. 我身边的木制品

（1）请幼儿找出活动室内的木头制品，并用图画、符号等表示出来。

（2）这些木制品都是用木头做的，用文字表示的时候它们都带一个木字旁。[进一步巩固认识（木）。]

（3）请幼儿讲讲自己找到了哪些木头制品，生活中还有什么东西是木制品，是否知道木制品是怎么来的。（出示图片讲解木制品的制作过程。）

（4）讨论：为什么人们喜欢木制品，使用木制品时应注意什么？人们非常喜欢木制品，树木对我们的作用很大，我们在日常生活中应该怎样节约木材？

3. 绘画：美丽的家

请幼儿来画一画自己家中各种各样的木制品，添画自己学过的甲骨文字（木）、（林）、（森），并且涂上漂亮的颜色。

图 5－26　木制椅子

图 5－27　木制书架

【活动延伸】

美工区：教师在活动当天在美工区投放甲骨文字（木）、（林）、（森）的字卡，请幼儿拓印，制作爱护树木的标志，制作完成后将标志挂在幼儿园的树上。

语言区：投放木制的图卡和字卡，如床、树、桌、椅等，请幼儿根据画面的实物提示，初步认读相对应的汉字，巩固对木制品的了解。

科学区：投放一些木制品和塑料、金属制品，让幼儿自主探索木制品和其他材料的不同之处，并做好记录。

表演区：幼儿自己尝试用身体来摆一摆木、林、森的造型。

表5-9 家庭亲子活动

活动目标	活动准备	活动内容	注意事项
1. 尝试根据图画，认读甲骨文字（人）、（从）、（众），体验造字的乐趣 2. 进一步认识、了解爱护树木、保护环境的重要性 3. 巩固认识甲骨文字（木）、（林）、（森）	1. 制作甲骨文字（木）、（林）、（森）和（人）、（从）、（众）字卡 2. 保护树木的视频或图片 3. 火柴棒、萝卜	1. 做游戏“我来比划你来猜”，爸爸或妈妈手拿字卡，请幼儿根据家长的描述和动作，猜出是什么字 2. 请幼儿把甲骨文和现代的汉字手拉手，变成一对好朋友 3. 家长和幼儿一起观看视频，适时提问幼儿：我们应该如何保护树木？将石灰水涂在树干上有什么作用？用稻草绳将树干裹起来有什么用处？ 4. 家长用刀子在萝卜上刻一个（木）做印章，请孩子用萝卜刻的印章在纸上印出多个“ ”字，组成森林 5. 用牙签或数棒，在桌上拼出（木）、（林）、（森），知道一个是“木”，两个是“林”，三个就是“森”	1. 和宝宝一起游戏的时候，注意游戏的趣味性 2. 搜集家中的木制品和塑料制品时，要注意安全和卫生，及时做清洗消毒处理

给小鸟的一个家——集

主要目标领域：社会

辅助目标领域：语言、艺术

【建议目标】

小班

（1）通过活动，感知甲骨文字（鸟）和（集）。

（2）养成幼儿爱护树木的意识。

中班

（1）感知甲骨文字（集），对甲骨文产生兴趣。

（2）了解树木对生态环境的重要性，懂得爱护树木。

大班

（1）认识甲骨文字（集），对古代的造字方法产生兴趣。

（2）发展动手操作能力，初步养成热爱大自然、保护环境的意识。

【活动准备】

（1）活动前让幼儿观察树木、小鸟，并请爸妈讲解一些简单的有关它们生长的知识。

（2）图画纸、色卡纸、剪刀、毛根等。

（3）小鸟在哭泣的课件。

【活动过程】

一、认识甲骨文字（鸟）和（集）

1. 甲骨文字（鸟）和（集）的意义

教师首先出示甲骨文字（鸟），请幼儿看一看，它像什么。接着出示甲骨文字（集），请幼儿看看这两个字有什么关系。

图 5-28　甲骨文字（鸟）

图 5-29　甲骨文字（集）

图 5-30　小鸟落在树上就是集（）

在甲骨文中发现了这个（集），下面是个“木”，表示大树，上面是“鸟”的象形字，它表示许多鸟儿落在树上，叫做集，就是集合、聚集的意思。那时候树很多，鸟也很多，经常会看到树上落着许多鸟儿，叽叽喳喳，像开会一样。所以人们后来也用这个字表示许多人在一起的活动，比如集会、集市等。

2. **游戏：小鸟和大树**

组织幼儿做游戏：两位老师扮演大树，幼儿扮演小鸟，按口令做相应动作。

教师口令：小鸟起飞——幼儿双臂摆动四散跑。

教师口令：小鸟捉虫——幼儿跑到扮演大树的老师身旁，拍一拍老师。

教师口令：小鸟回巢——幼儿问几只鸟，教师说出数量，幼儿按数量围着大树抱在一起，扮演大树的老师清点人数，没有按数量集合的幼儿暂停一次游戏。

幼儿熟悉游戏规则后，可通过猜拳的方式多请几名幼儿扮演大树并负责清点，尽量让幼儿获得更多的游戏机会。

二、 树木是小鸟的家

1. **小鸟在哭泣**

(1) 观看课件：一棵光秃秃的大树，有几只哭叫着的小鸟在树的上方盘旋。边飞边说：“我没有家了，我没有家了。”

(2) 请幼儿自由讨论，教师启发引导：你们看到了什么？小鸟哭了，为什么？大树为什么没有树叶？（大树死了，大树被人砍了，树枝被人折了，等等。）

(3) 没有了树木，小鸟就没有了家，我们小朋友应该怎样保护树木？（多种植小树，不能乱砍乱伐，不随意摇晃小树苗。）

(4) 树木不仅是小鸟的家（筑巢、遮风挡雨、提供食物），也是各种动物的乐园（良好的生存环境、维持生物链平衡），还是我们人类最好的朋友（调节气候、净化空气、防风降噪）。

(5) 小结：树木多了，我们生活的环境才会越来越好。

2. **帮助小鸟筑窝**

(1) 小鸟失去了家很伤心，今天我们就来帮助小鸟建一个家：用绿色的卡纸制作树林，用毛线给小鸟编一个家挂在树上，在纸上画几只小鸟，然后用剪刀剪下来，把小鸟放到窝里。

(2) 请幼儿开始动手制作，教师及时巡视指导，提醒幼儿用剪刀时要注意安全。

(3) 制作完成后展示在活动室内，互相欣赏。

【活动延伸】

种植区：在园内开辟种植园地，开展种植活动，利用课余时间给小树浇水，保护小树苗苗壮成长。

语言区;在语言区墙饰中展示甲骨文字（鸟）和（集）的演化过程，帮助幼儿进一步理解（集）的含义。

美工区：投放数棒、橡皮泥、水彩笔，请幼儿拼拼摆摆，或者用橡皮泥捏一捏，用水彩笔画一画，巩固复习对甲骨文字（木）、（林）、（森）、（鸟）、（集）的认识。

表 5－10　家庭亲子活动

活动目标	活动准备	活动内容	注意事项
1. 通过种树活动，对（木）、（林）、（森）有充分的了解 2. 加强爱护树木的意识 3. 进一步了解甲骨文字的意思	1. 铁锹、水桶、小树苗 2. 甲骨文字（集）的卡片 3. 搜集废旧材料，如泡沫板、纸盒、木板等	1. 周末和父母一起到郊外参加植树活动，开展“我与小树一起长大”的爱护树木活动 2. 种树时请家长引导幼儿观察小树苗的根，讲解种树时应该注意的事项，如先挖坑，把小树苗的根放到坑里，注意不能损伤根，然后培土、压实，最后浇水 3. 种完小树后，请幼儿观察小树苗周围树木枝杈，请幼儿观看两棵小树可以变成什么？三棵小树呢？家长拿出甲骨文卡片（木）、（林）、（森），告诉幼儿一棵树就是“木”，两棵树就是“林”，三棵树就是“森”，如果许许多多的人都来种树，这里就会变成一片森林，那么我们的环境就会变得越来越好，小鸟也就会来树林里安家做窝了	1. 在活动中家长鼓励孩子多观察、多问，多讨论，满足孩子的好奇心 2. 制作过程中，注意安全，家长要适时给孩子讲解保护环境的知识

第六章　自然物语

- 自然物语
  - 甲骨文中的大自然
    - 美丽日月
    - 璀璨的星
    - 雨雪世界
    - 奇异的雹
    - 好玩的水
    - 云的奥秘
    - 水墨甲骨
  - 交通工具
    - 车的演变
    - 舟的由来
  - 空间方位
    - 上上下下
    - 左左右右

第一节 甲骨文中的大自然

大自然奇趣盎然，蓝天白云、风霜雨雪、日出日落，为人类提供了生存的条件，也为人类创造了美好的生活。幼儿是天生的科学家，对生活中的自然现象、事物具有强烈的好奇心和探索欲。对他们而言，大自然的一切都使他们好奇：“为什么天上会下雨？”“云为什么会有各种形态？”本节通过日月星、水云雨雪等幼儿在日常生活中能够看到的天气现象，感受这些现象的奇妙之处。

美丽日月

主要目标领域：科学　　　　辅助目标领域：语言

【建议目标】

小班

(1) 初步感知甲骨文字（日）、（月）。

(2) 知道白天有太阳，晚上有月亮。

(3) 产生对自然现象的兴趣。

中班

(1) 了解甲骨文字（日）、（月）的外形特征。

(2) 乐于对太阳、月亮进行科学观察，知道太阳、月亮的作用。

(3) 热爱大自然，激发对科学现象的观察兴趣。

大班

(1) 掌握甲骨文字（日）、（月）的特征和含义。

(2) 了解太阳、月亮的相关知识。

(3) 通过观察太阳、月亮，养成主动探索自然科学的兴趣。

【活动准备】

(1) “美丽的日月”PPT 课件。

(2) 甲骨文字（日）、（月）图片。

(3) 活动主题音乐《找朋友》。

图 6－1　太阳

【活动过程】

一、谜语导入

师：小朋友们，请你们猜个谜语——天上有位老公公，圆脸庞红面孔，天一亮就出工，直到傍晚才收工[幼儿猜出谜底，引发认识甲骨文字 ⊙（日）、☽（月）]。

二、认识甲骨文字 ⊙（日）

1. 猜想甲骨文字 ⊙（日）

师：请小朋友来描述一下太阳是什么样的？我们来看看甲骨文字 ⊙（日）（教师给予适当提示）。

2. 了解甲骨文字 ⊙（日）

播放 PPT 课件，初步了解甲骨文字 ⊙（日）的变化过程。

3. 教师讲述《后羿射日》的故事

三、认识甲骨文字 ☽（月）

1. 认识甲骨文字 ☽（月）

师：请小朋友来描述一下月亮是什么样的？我们来看看甲骨文字 ☽（月）（教师给予适当提示）。

2. 了解甲骨文字 ☽（月）

播放 PPT 课件，初步了解甲骨文字 ☽（月）的变化过程。

3. 老师讲述《嫦娥奔月》的故事

图 6－2　弯弯的月亮

四、分组讨论

师：太阳、月亮和我们生活息息相关，你知道它们对我们的生活有哪些作用吗？

五、体验文字游戏

1. 体验游戏

师：刚才我们认识了甲骨文字 ⊙（日）、☽（月），现在来玩一个好玩的游戏。

幼儿分组戴上 ⊙（日）、☽（月）文字头饰，播放《找朋友》音乐，幼儿开始进行甲骨文汉字配对，找出自己的好朋友两两配对，音乐停止游戏结束。

2. 多次尝试

教师提醒幼儿游戏时注意躲避同伴，避免碰撞。

六、总结分享

师：今天我们不仅认识了甲骨文字（日）、（月），还了解了和太阳、月亮有关的科学知识，我们把学到的知识告诉其他小朋友吧！

【活动延伸】

美工区：投放甲骨文字（日）、（月），让幼儿进行临摹、绘画。

语言区：投放与（日）、（月）相关的甲骨文字图书，并向小伙伴讲述。

益智区：投放相应的拼图卡片，幼儿尝试拼甲骨文字（日）、（月）。

表演区：投放相应甲骨文字头饰道具，幼儿尝试表演故事。

表6－1　家庭亲子活动

活动目标	活动准备	活动内容	注意事项
1. 巩固认识甲骨文字（日）、（月） 2. 体验与家人一起分享讲故事的乐趣	甲骨文字（日）、（月）的图卡	1. 家人坐成一排聊聊、说说甲骨文字（日）、（月） 2. 其中一个家庭成员从许多甲骨文字图卡中抽出一张，然后说出拿到的甲骨文字图卡是什么 3. 请拿到图卡的家庭成员说“这是（日）、（月）”，然后讲一个和其相关的故事	1. 活动中及时给予幼儿鼓励，让幼儿大胆说出自己知道的甲骨文字 2. 活动结束后家人可带领幼儿一起参观文字博物馆，了解更多的文字故事

璀璨的星

主要目标领域：科学　　辅助目标领域：语言

【建议目标】

小班

（1）初步认识甲骨文字（星）。

（2）知道星星在夜里出现。

（3）初步产生幼儿对星星的兴趣。

中班

（1）了解甲骨文字（星）的外形特征。

（2）鼓励幼儿对星星进行科学观察。

（3）产生进行科学探索的欲望。

大班

(1) 掌握甲骨文字 (星)的造字特点。

(2) 探索与星星的科学现象有关的知识。

(3) 通过对与星星有关的科学现象的认识,养成主动探索科学的精神。

【活动准备】

"璀璨的星"PPT 课件, (日)、 (月)、 (星)文字卡片。

【活动过程】

一、文字游戏,复习 (日)、 (月)

师:小朋友们,我们来玩一个好玩的文字游戏,看谁在最短的时间能用身体拼出甲骨文字 (日)、 (月)。

师:这是甲骨文字 ,就是画一个圆圈,表示太阳。中间加上一点,表示太阳光芒四射;这是甲骨文字 。月亮可以有缺口,所以"月"这个字的形体就是一个有缺口的月牙的形状。我们知道,月亮从一个小小的月牙,到满月,再到月牙这样一个变化的过程,其实就意味着度过了一个月的时间。

二、认识甲骨文字 (星)

1. 猜想甲骨文字 (星)

师:天空中有美丽的月亮、太阳,还有什么呢?小朋友都喜欢星星,如果让你用身体来表现甲骨文字 (星),你会怎么做呢?(小朋友现场展示,教师及时给予指导。)

2. 了解甲骨文字 (星)

师:这是甲骨文字 (星),旁边两个口表示天空中星星散发的光芒。

图 6-3 数星星

三、延伸故事

师:小朋友们,天上的星星有多少呢?(老师讲述张衡数星星的故事。)

小结:张衡是个爱科学、爱探索的孩子,小朋友们要向他学习。

四、了解北斗星

1. 幼儿观察探讨

(出示北斗星图片)师:这样的星星你认识吗,它叫什么名字?

教师小结:这是北斗星,北斗星的作用很多,它不仅可

图 6 - 4 璀璨的星

以区分季节，还可以帮我们辨别方向。

2. 互动体验游戏

师：刚才我们认识了不同的星星，现在我们来玩一个和北斗星有关的游戏吧。

教师说“魔法变变变，变成春季北斗星”，幼儿相互组合做动作，变成春季北斗星（勺柄朝向东方）。按季节变成不同方向：夏季朝南，秋季朝西，冬季朝北。

五、活动分享

原来星星的样子不同，它们的作用也不一样。天空中还有更多的星星等待我们去探索研究。今天我们不仅认识了甲骨文字（星），还了解了和星星有关的科学知识，让我们把和星星有关的科学知识告诉更多的人吧。

【活动延伸】

美工区：投放甲骨文字（星）图卡，让幼儿进行临摹、绘画。

语言区：投放与星星相关的甲骨文字图书，让幼儿进行讲述。

益智区：投放相应的甲骨文字图卡，幼儿尝试拼出（星）。

建构区：投放不同的星星图片，用积木或其他材料搭出各种星星。

表 6 - 2 家庭亲子活动

活动目标	活动准备	活动内容	注意事项
1. 认识不同的星星 2. 在游戏中体验与家人分享科学知识的快乐	1. 各种星星图片 2. 木棒一个 3. 小鼓一个	1. 全部家庭成员围坐在一起，聊一聊自己知道的星星有哪些 2. 其中一个家庭成员当裁判手拿木棒敲打小鼓，大家按顺序依次将图片传递给下一个家庭成员，鼓声停止图片在哪个家庭成员手上就由他回答图片上是什么星星 3. 请拿到图片的家庭成员说：“这是北斗星或其他星星。”	活动中要及时给予幼儿鼓励，让幼儿大胆说出自己知道的有关星星的天文知识

雨 雪 世 界

主要目标领域：科学　　辅助目标领域：语言、社会

【建议目标】

小班

（1）简单感知甲骨文字（雨）、（雪）。

（2）尝试用肢体表现雨、雪飘落的样子。

（3）初步对天气变化产生兴趣。

中班

（1）了解甲骨文字（雨）、（雪）。

（2）知道并熟悉生活中的自然现象和天气符号。

（3）能够关注自然现象的变化，对天气变化感兴趣。

大班

（1）认识甲骨文字（雨）和（雪）及造字由来。

（2）感知雨和雪的特性及变化规律。

（3）通过雨雪天气的变化，了解天气与生活的密切关系。

【活动准备】

（1）雪花全景图以及单个图片，下雨和下雪的视频及图片。

（2）雨和雪的现代字卡片和甲骨文字卡片。

【活动过程】

一、图片导入

1. 认识现实中的雨

通过观看下雨的视频和图片来观察、发现雨的特征，引导幼儿说出雨是水滴，雨从天上落下来像断了线的珠子。

2. 认识生活中的雪

教师出示雪的全景图片，激发幼儿兴趣。然后再出示一片雪花的细节图片，带领幼儿去发现雪的特征。

引导幼儿根据经验说出雪花白白的像羽毛从天空中落下。

二、认识甲骨文字（雨）和（雪）的形成

1. 认识甲骨文字（雨）

甲骨文字的上面一横表示天空，下面的竖点儿表示雨点一滴一滴地掉落下来，这就是下雨。甲骨文字就是取自古人们的观察和理解，他们抓住了雨的特征。

2. 认识甲骨文字（雪）

（1）教师鼓励幼儿，猜想甲骨文字是什么样的。

（2）提示幼儿，雪像羽毛一样从天空中落下来，雪花就是空气中的水蒸气遇冷凝结形成的。

三、对比认识

将现代字“雨、雪”和甲骨文字“”“”对比，让孩子们进行比较，体验造字的智慧。

四、游戏活动

1. 讲解游戏

教师说出各种天气名称，幼儿做出相应反应。例如：教师说“刮大风”，幼儿互相抱着说“不怕”；教师说“下雪了”，幼儿用手盖头说“不怕”。

2. 游戏升级

教师出示甲骨文，幼儿做出相应防御动作，感受甲骨文游戏带来的乐趣。

【活动延伸】

语言区：投放（雨）（雪）等相应的图片及相关视频，让幼儿了解自然现象与文字之间的关系。

美工区：投放（雨）、（雪）等相应的图片，让幼儿自己来画一画、拓一拓。

表 6－3　家庭亲子活动

活动目标	活动准备	活动内容	注意事项
1. 在游戏中复习雨、雪的甲骨文，增进亲子感情 2. 提高语言表达能力及反应力 3. 通过游戏，体验甲骨文字带来的乐趣	1. 欢快游戏的音乐 2. 和家长一起制作天气头饰并选择自己喜欢的天气符号头饰	1. 幼儿和家长手拉手围成一圈、边走边说：风来了，（戴风头饰的人双手上举，左右挥动） 云来了！（戴云头饰的人双手上举，同时向左移动） 雨来了，（戴雨头饰的人双手同时从上而下转动） 雪来了！（戴雪头饰的人双手同时从上而下左右摆动） 雪花雪花几瓣开？（幼儿问） 雪花雪花×瓣开。（说到几瓣开时需要几人抱在一起，没有抱在一起的被淘汰） 2. 游戏继续，可以根据人数来定雪花几瓣开，坚持到最后的即为胜利者	游戏继续时，家长可以根据人数来定雪花几瓣开，最好不要被整除

奇异的雹

主要目标领域：科学

辅助目标领域：语言

【建议目标】

小班

（1）感知认识自然现象雹。

（2）进一步了解甲骨文字（雨）、（雪）的特征。

（3）养成对奇特天气现象“雹”的兴趣。

中班

（1）认识甲骨文字（雨）、（雪）、（雹）。

（2）知道雨、雪、雹的特征及由来。

（3）通过了解雨、雪、雹的天气特征及由来，激发对自然现象的探索兴趣。

大班

（1）认识甲骨文字（雹）的外形特征。

（2）了解雨、雪、雹之间的联系。

（3）通过感知冰雹的形成过程，养成细致观察的能力。

【活动准备】

（1）下雨、雪、冰雹的视频以及图片。

（2）（雨）、（雪）、（雹）的现代字和甲骨文字卡片。

【活动过程】

一、图片导入

教师出示甲骨文字（雨）、（雪）的图片，带领幼儿找出雨和雪的异同之处，进一步激发幼儿探索的兴趣。

二、了解雹的形成

1. 观察了解

通过观看下冰雹的视频和图片来观察和发现冰雹的外形特征，知道冰雹是固体颗粒，是几乎接近圆的物体。

2. 认识甲骨文字（雹）

（1）猜甲骨文字（雹）。

教师鼓励幼儿通过甲骨文图片猜想雹是什么样子，并提示幼儿冰雹像雨水一样都是从天空中落下来的，只不过冰雹是固体的，但是天空可以借助雨来表示。

（2）出示（雹），让幼儿进一步感知，原来甲骨文中（雹）上面是个“雨”字，下面三个小圆点儿，就像下冰雹的样子。雹就是空气中的水蒸气遇冷凝结变成冰块落下来。

三、体验造字的智慧

将现代字“雪和雹”和甲骨文字“”“”对比，让孩子们进行进一步感知，体验古人的造字智慧。

【活动延伸】

美工区：投放（雨）、（雪）等相应的图片，让幼儿自己来画一画、拓一拓，并添加画面的内容。

表 6－4 家庭亲子活动

活动目标	活动准备	活动内容	注意事项
1. 尝试用不同形式（粘、拼、贴、画、捏等）来创作有趣的天气符号 2. 体验甲骨游戏带来的乐趣	1. 每人制作好 5 张天气符号的甲骨卡片 2. 胶棒 2 根，彩笔若干支，白纸若干张	1. 和父母一起进行“抽抽乐游戏”，每人准备好 5 张甲骨卡片，经过猜拳来决定谁先来抽，抽到卡片后进行配对，配对成功的为胜利者，循环进行互相抽甲骨卡片，也可以抽对后用身体表示卡片上的甲骨文字 2. 尝试用不同形式来展现（粘、拼、贴、画、捏等）来创作有趣的天气符号	1. 家长注意用多种方式与幼儿沟通交流以及分享获得的过程 2. 互相遵守游戏规则

好 玩 的 水

主要目标领域：科学

辅助目标领域：语言

【建议目标】

小班

（1）在操作活动中初步了解水的形态。

（2）初步认识甲骨文字（水）。

（3）产生对身边事物的探索欲望。

中班

（1）通过活动了解水的特性。

（2）认识甲骨文字（水）。

(3) 通过操作和体验，能自主参与、积极探索。

大班

(1) 通过活动仔细观察，了解水的三态变化。

(2) 认识甲骨文字⺢(水)，懂得保护水。

(3) 乐于参与科学实验，体验合作的乐趣。

【活动准备】

一玻璃杯清水、一玻璃杯牛奶、彩色雪花片，每组一份果汁粉、白糖、盐、沙、石子、豆子，人手一只塑料小篮、有洞小容器、半玻璃杯清水、一条毛巾。

【活动过程】

一、活动导入

1. 看一看

出示一杯清水，请幼儿观察甲骨文字⺢(水)的图片。

师：瞧，今天我给大家请来了好朋友——水。它的秘密可多啦，你们看，中间像水脉，两旁似流水。“水”的字形是古代人们看到水的流动后想到的，“水”字很像河流中水的流动，现在就让我们一起去探索水的秘密吧。

2. 做一做

教师出示操作材料(一玻璃杯水，一玻璃杯牛奶)，幼儿通过看一看、闻一闻、尝一尝，感知水的特性(水是没有颜色、没有味道的，牛奶是有颜色、有味道的)。

3. 猜一猜

教师分别在盛有水和牛奶的玻璃杯里放进彩色雪花片，请幼儿猜一猜水里有什么，牛奶里有什么，他是怎么知道的(引导幼儿讲出水是透明的，能看得见里面的东西；牛奶是不透明的，看不见里面的东西)。

师：刚才我们发现了水的一个秘密，原来它是无色无味、透明的，现在我们再来玩一玩水，看看你还会发现什么？

二、戏水活动

1. 初次体验

师：老师今天给小朋友准备了很多玩水的东西，有塑料小筐子、有洞的塑料袋，现在请你们用它们来盛水，看能不能把水盛起来，为什么？(引导幼儿讲出结果：水是会流动的。)

2. 尝试盛水工作

师：那我们就来看看水到底会不会流动(教师分别用塑料筐子、有洞的塑料袋盛水，引导幼儿观察)。

小结：原来水真的会流动。那么水还有哪些秘密呢？

三、溶解实验

（1）请幼儿选择桌上的果汁粉、白糖、盐、沙、石子、豆子等，分别放在自己的水杯中，然后告诉大家自己放了哪些东西。

（2）请幼儿用小勺在杯子里搅一搅、看一看，发现有什么变化。

（3）幼儿尝试操作，教师巡回指导，引导幼儿仔细观察实物在水中的变化，相互交流实验结果。

（4）讲述实验结果。

师：现在老师请几位小朋友到前面来告诉大家你的杯子里还能看到几样东西，还有几样东西到哪里去了（引导幼儿说出有几样东西被水溶解了）。

师：那我们就来看看这些东西是不是会被水溶解。教师分别把果汁粉、白糖、盐、沙、石子、豆子放进水杯里。

师：孩子们，你们发现了什么？为什么放在水里的糖和果汁粉都不见了呢？那是因为水可以把它们全部溶解掉，溶解过后，它们就会混在水里。水其实很神奇哦！

（5）请幼儿思考：在生活中还见过哪些东西能被水溶解？

四、环保教育

师：水是我们人类的好朋友，也是小金鱼的家。可我们经常在电视看到一些河水发黑、发臭，鱼儿都死了，也影响了人们的生活，我们应该怎样保护水资源呢？

小结：不把脏东西丢进河里；工厂里污水不能排放到河里；看到河里有垃圾要把它捞上来；让治污水的叔叔把水变干净。

【活动延伸】

语言区：投放甲骨文字（水）的图片，说出水的特性。

科学区：两杯水盛不同物质，比如盐和糖，幼儿尝试做溶解实验。

美工区：投放甲骨文字（水）的图片，幼儿进行拓印游戏。

表 6－5　家庭亲子活动

活动目标	活动准备	活动内容	注意事项
1. 通过操作实验，感知水的特征 2. 通过观察初步了解水的沉浮和溶解现象	1. 泡沫塑料、木头积木、小钉、小石子、盆子、白纸、大水盆等 2. 糖、盐、沙子、调羹 3. 矿泉水瓶、针筒、竹水筒、玻璃杯、水枪、点滴管、海绵等	1. 沉浮实验：让幼儿将各种材料放于水中，观察沉浮现象，请幼儿将物品按沉浮不同分别归类，家长辅助统计 2. 溶解实验：通过往杯中加入不同物体，观察溶解情况，家长引导幼儿尝试加速溶解，并讲述加速溶解的方法 3. 探索水性：让幼儿看一看、闻一闻、玩一玩，尝试用自己的语言描述水的特征。 4. 准备甲骨文字（水）的图片，幼儿进行拼图游戏	家长在与幼儿选择实验材料时，提醒幼儿哪些物品不能与水“玩耍”（比如电器物品），并注意安全

云的奥秘

主要目标领域：语言　　　　辅助目标领域：科学

【建议目标】

小班

（1）初步感知甲骨文字（云）。

（2）通过欣赏故事，初步了解水、云、雨的变化。

（3）产生对多变的云进行观察的兴趣。

中班

（1）初步了解甲骨文字（云）。

（2）通过欣赏故事，感知水、云、雨的变化。

（3）激发探索自然的兴趣与探索精神。

大班

（1）认识甲骨文字（水）、（雨）、（云）。

（2）通过故事欣赏，了解水、云、雨的三态变化，并能用语言或绘画的形式来表现。

（3）养成善于观察、发现大自然奥秘的习惯与兴趣。

【活动准备】

动画《小水滴旅行记》，绘本《小水滴旅行记》，甲骨文字（水）、（云）、（雨）的图片。

【活动过程】

一、回忆有趣的水

师：小朋友们，还记得有趣的水吗？水特别有趣，会变成小水滴去旅行！今天，老师带你们一起来看看小水滴是怎么旅行的。

二、分段欣赏甲骨绘本

1. 引导幼儿回忆水

师：小水滴怎样才能飞上天去旅行呢？谁可以帮助小水滴飞上天？

2. 观察水的变化

师：小水滴变成水蒸气，又到哪儿旅行了？

3. **呈现甲骨文字 (云)**

师：水蒸气飞呀飞呀，变冷以后，三个一伙，五个一群，这时候它们变成云，下面又发生了什么事情？

4. **感受水的三态变化**

师：这次，它变成了雨，为什么会变成小雨滴？谁帮助小水滴回家呢？

小结：小水滴从大海出发去旅行，经过许多有趣的事情，又回到了大海。

三、欣赏动画

1. **完整欣赏**

幼儿完整欣赏动画，进一步感受水的三态变化过程。

图 6-5　小水滴的旅行

图 6-6　小水滴的旅行

图 6-7　小水滴的旅行

图 6-8　小水滴的旅行

师：谁来说一说小水滴是怎么旅行的？

2. **总结分享**

师：小水滴在旅行的过程中变成水蒸气，又从水蒸气变成白云，白云变成小雨、雪花，最后变成小水滴回到大海。

四、认识对比

1. 感知（水）、（雨）

教师出示（水）、（雨），引导幼儿进一步感知甲骨文字（水）、（雨）的形态意义。

2. 感知（云）

教师出示（云），引导幼儿进一步感知甲骨文字（云）的形态意义。

（甲骨文字形表示天，下面的字形表示气流在天上流动，意思是气团在天空飘浮。）

3. 进行对比

将现代字“水、云、雨”与甲骨文字“（水）、（云）、（雨）”对比，让孩子们进行认识，体验甲骨文字与大自然现象的联系。

五、总结

师：孩子们！通过我们的动画演示，大家已经知道水会变成云，云会变成雨，它们的旅行充满快乐！甲骨中的水、云、雨也会产生奇妙的变化。让我们带着生动形象的甲骨文去到语言区、科学区继续旅行吧！

【活动延伸】

签到区：投放甲骨文字“（水）、（云）、（雨）”的图片，根据提示，判断天气并在天气栏盖相应印章。

语言区：（小小天气播报员）播报时用甲骨文字图片“（云）、（雨）”等演示。

表6－6　家庭亲子活动

活动目标	活动准备	活动内容	注意事项
1. 在亲子互动学习的过程中，感知甲骨文字象形的特点 2. 初步了解甲骨文，产生对甲骨文认识的兴趣 3. 通过实验，认识到云是水蒸气在空中的凝结现象，从而树立从小爱科学、受探索的精神	1. 家长收集水蒸气实验视频及实验材料 2. 云、雨、水的甲骨文字卡	1. 观看水蒸气视频（家长与幼儿在家准备装有温水的大瓶口瓶子进行实验），请幼儿观察水蒸气的变化，了解水的三态的变化及过程 2. 幼儿向家长讲述水蒸气的过程 3. 家长和幼儿一起制作云、雨的天气画册。家长指着天气的图画予以解说，让幼儿找到相对应的甲骨文字 4. 家长和幼儿来分配角色，一个出示字卡，另一个做动作。出示哪个甲骨文字的字卡，就用动作表示水的流动、云的形状、雨的声音，如果动作与字卡含义不符，视为输。双方交换角色，再次进行	1. 注意在体验前和体验中实验的真实性和安全性 2. 家长与幼儿可以进行多轮角色互换，增加难度

水墨甲骨

主要目标领域：美术　　辅助目标领域：语言、社会

【建议目标】

小班

（1）认识简单山、水、木的甲骨文字。

（2）初步感知山、水、木字形的特点。

（3）感受水墨甲骨文字的美。

中班

（1）了解水墨画的工具材料，能用简单的线条画甲骨文。

（2）引导幼儿在合作中用肢体语言表现水墨画中的物体。

（3）感知水墨甲骨画的意境。

大班

（1）引导幼儿用甲骨文创作绘画品。

（2）能用完整的语言描述画面内容。

（3）产生对水墨甲骨文绘画的兴趣。

【活动准备】

（1）教师：多媒体课件、大毛笔、画架，“山”甲骨文字图 1 张、“水”甲骨文字图 1 张、“木”甲骨文字图 1 张。

（2）幼儿：毛笔、墨、水、宣纸等水墨画材料，长卷画画卷、湿巾、报纸

【活动过程】

一、欣赏甲骨水墨画，激发兴趣

教师播放 PPT，欣赏甲骨水墨画，引导幼儿观察由甲骨文字“山、水、木”组成的画面，感受画面的意境。

教师小结：画家使用毛笔蘸墨和水，简单的几笔就可以完成一幅清新淡雅、生动有趣的水墨画。

图 6-9　甲骨水墨画

二、 通过肢体模仿，感受水墨画中山、水、木的形和意境。

1. 观察描述

教师分别展示“山”“水”“木”甲骨文字图片，引导幼儿观察山、水、木的甲骨文字字形，并尝试用语言描述。

2. 合作表现

鼓励幼儿3～4人合作，用肢体动作分别表现甲骨文字图片中的山、水、木，并能用语言讲述自己和伙伴扮演的是甲骨文字山、水、木的哪部分。

3. 师生合作

幼儿在表演山水木的基础上原地蹲下，扮演墨点；教师手执大毛笔，扮演画家，在幼儿变成的墨点上根据山水木的甲骨文造型“作画”；教师“画”到哪一笔，幼儿马上用肢体动作展示出相应的动作，让幼儿再次感受山、水、木的绘画步骤和简单构图。

4. 欣赏了解

请幼儿想一想，水墨画中还可以有哪些甲骨文字。

图6－10　羊

图6－11　鸟

图6－12　云

5. 视频感知

观看甲骨文字演变视频，感知甲骨文字象形的特点。

教师小结：古时候的人们，把看到的一切事物都画出来，慢慢地，就变成了我们现在看到的甲骨文字。

三、 水墨画创作

1. 小组水墨画创作

幼儿3～4人一组，商量出想要绘画的甲骨文字，在空白长卷上画成一幅水墨画。

2. 小组展示

各组分别展示作品，并用较完整的语言讲述画面内容。

【活动延伸】

美术区：(1) 投放甲骨文橡皮章，幼儿尝试刻甲骨文并拓印；

图 6－13　绘画中

图 6－14　展示作品

（2）投放扇子、葫芦、木块等，让小朋友在上面用甲骨文字装饰；

（3）准备毛笔、墨、水、宣纸等水墨画材料和简单的故事情节，幼儿在长卷上根据故事内容，每人负责一部分，共同完成长卷甲骨水墨画。

日常生活区：准备空白手帕，幼儿在上面绣甲骨文图样。

语言区：幼儿在沙盘里画甲骨文。

表 6－7　家庭亲子活动

活动目标	活动准备	活动内容	注意事项
1. 认识了解水墨画的作画工具 2. 认识常见的甲骨文 3. 会用肢体语言表现常见甲骨文字 4. 尝试在不同材料上画甲骨文字	1. 水墨画工具 2. 甲骨文图画书和视频 3. 各种不同的材料，如扇子、木块、葫芦等	1. 欣赏不同风格的水墨画 2. 和爸爸妈妈一起玩猜字游戏，一个人用身体动作表现甲骨文字形，另一个人猜是哪一个甲骨文字 3. 参观文字博物馆、殷墟博物苑，了解甲骨文的历史，看各种器皿、物体上刻写的甲骨文字 4. 在笔筒、白色 T 恤等材料上画甲骨文字，制作纪念品	1. 注意要肯定孩子的创意，倾听幼儿的想法 2. 和孩子游戏前，可带孩子到文字博物馆等场所，事先对甲骨文字有初步认知

第二节 交通工具

交通工具是人类生活中不可缺少的一个部分。随着时代的变化和科学技术的进步，人们周围的交通工具越来越多，给人类的生活带来了极大的便利。陆地上的汽车，海洋里的轮船，天空中的飞机，让我们的出行越来越方便。本节通过有趣的活动，使幼儿认识甲骨文字车、舟的演变过程，并通过欣赏各式各样的车、舟图片，进一步激发幼儿对现代交通工具的探索欲望。

车的演变

主要目标领域：科学　　辅助目标领域：语言

【建议目标】

小班

（1）了解几种简单的陆上交通工具。

（2）初步感知甲骨文中的 （车）。

中班

（1）认识不同的陆上交通工具，对交通工具感兴趣。

（2）感知甲骨文中的 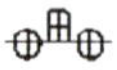（车），了解车的特征。

（3）萌发勤动脑、爱科学的意识。

大班

（1）能根据车辆的不同性质进行分类。

（2）认识甲骨文字 （车），初步了解甲骨文的造字由来。

（3）通过现代与古代交通工具的对比，树立从小爱科学、爱探索的精神。

【活动准备】

（1）有关陆上交通工具发展过程的图片。

（2）各式交通工具的照片、殷墟博物苑出土的车马坑图片。

（3）甲骨文字 （车）的图片。

【活动过程】

一、谈话引入

图 6－15　现代的车

师：你今天是乘坐什么车辆来到幼儿园的？假如你要去很远的地方旅游，可以乘坐什么？

小结：汽车、火车是用来运人和货物的，人们给它们取了一个好听的名字叫交通工具，它们行驶的速度很快，给我们的生活带来了许多方便。

二、了解古今交通工具

1. 古代的交通工具

师：古代没有现代化的交通工具，人们怎样出行、运输货物呢？（引导幼儿了解古代出行工具有马车、轿等。）

2. 甲骨文字 （车）

图 6－16　古代的车

师：看，这是殷墟出土的车马坑中的古代车辆。

聪明的古人很早就发明了车辆，人们根据当时车辆的样子创造出甲骨文字 （车），这就是“车”字。

“车”字的甲骨文像两边各有一个轮子，中间是“甲”形的箱体，表示保护性的设备，人在箱体中可以避免受到攻击。有的甲骨文加轭具，表示依靠畜力拉动。车是人最早发明制造的陆上交通运输工具。

3. 车的演变

师：人们又发明了许多车，你们都知道哪些呢？

根据幼儿回答，逐步出示交通工具发展的一系列图片：马车－轿子－自行车－敞篷车－小汽车－救护车－消防车－警车－火车－无人驾驶汽车。

4. 汽车分类的认识

（1）古代车辆与现代车辆。

师：古代的车辆一般速度较慢，有的需要人力或牲畜来使车辆行进，你能在这些图片中分辨出哪些是古代车辆，哪些是现代车辆吗？（引导幼儿观察对比。）

（2）普通车辆与特种车。

师：孩子们，你们听，这是什么车的声音？（播放消防车鸣笛的声音，认识特种车的外形及特殊作用。）

（演示课件）师：快看，这里发生什么事情了？（火灾）该让哪种车去帮忙呢？

小结：当发生火灾时，拨打火警电话 119，消防队员立即驾驶消防车，一路发出“呜——”的警报声，沿途的行人和其他车辆一律让路，让它尽快赶到现场灭火，保护人们的生命和财产。

依次呈现各种生活场景，让幼儿了解特种车辆的用途。

5. 我坐过的车

师：你乘坐过哪些车？它的速度怎样呢？

幼儿自由讲述自己坐车的感受和经历，并同身边的小朋友交流分享。

6. 游戏体验：热闹的马路

请幼儿拿出各种车辆图片戴在身上，教师持红绿灯模型，幼儿看信号参与游戏。

三、活动小结

从古代的“”到现代的“车”，智慧的劳动人民付出了很多，聪明的小朋友们一定要好好学本领，长大后造出更多、更好的交通工具。

幼儿开着各种车有序驶出活动室。

【活动延伸】

美工区：甲骨文临摹活动，通过想象画“未来的车”。

语言区：设计创作《我的甲骨文》大书，并讲述。

益智区：甲骨文拼图游戏。

建构区：用积木或其他材料搭出“车”的甲骨文字以及现代的各种车辆。

表 6－8　家庭亲子活动

活动目标	活动准备	活动内容	注意事项
1. 通过乘车体验现代与古代的交通工具的不同，让幼儿认识到现代科技的日新月异 2. 培养幼儿从小爱科学、爱探索的意识	乘坐古代和现代交通工具的视频	1. 有过火车、汽车乘坐经验的幼儿可以与幼儿家长共同回忆乘坐感受 2. 家长带领幼儿乘坐公交车、汽车、火车等，乘坐过程中交流乘坐感受 3. 有条件的家庭可以到农村或公园让幼儿乘坐毛驴车、独轮车，乘坐过程中交流乘坐感受 4. 乘坐体验结束后家长与幼儿共同交流古代交通工具和现代交通工具的不同 5. 幼儿向家长讲述车的发展过程	家长要注意在体验前和体验中及时告知幼儿乘坐交通工具的安全知识

舟的由来

主要目标领域：科学　　　　辅助目标领域：语言

【建议目标】

小班

（1）知道船是水上交通工具。

（2）感知甲骨文中的（舟）。

（3）对水上交通工具感兴趣。

中班

（1）知道船是水上交通工具，世界上有各种各样的船。

（2）感知甲骨文中的（舟），初步了解甲骨文的造字特点。

（3）萌发幼儿勤动脑、爱科学的意识。

大班

（1）认识常见的水上交通工具，初步了解船前进的不同动力。

（2）感知甲骨文中的（舟），了解甲骨文的造字由来。

（3）积极参与科学实验，学会简单的记录方法。

【活动准备】

（1）视频“船的发展史”，各种船的图片、模型。

（2）实验所需材料：大水盆、瓶子、盖子、磁铁、泡沫板、石块、橡皮泥、塑料积木、记录表格等。

【活动过程】

一、导入活动

1. 游戏活动

幼儿做开汽车律动，复习有关陆上交通工具的知识及甲骨文字（车）。

2. 谜语导入

教师说谜语让幼儿了解船的外形特点：个子像楼房，声音像汽笛。只在水里行，不在路上走。

二、欣赏课件并交流

1. 观察图片并讲述

师：你坐过船吗？在哪里坐的？你坐过的船是什么样子的？（幼儿回忆并讲述乘坐经验。）

2. 了解古代的船

师：古时候，小船是由木头制作的。甲骨文字（舟）的字形就像上下两端微微翘起、中间弧形的古代小木船的样子，就是舟和船字的最初雏形。最早的独木舟就是把一段木头中间掏空了，但由于独木舟的选材和制作难度都比较大，所以古人开始制作木板船，甲骨文中的舟字

图 6－17　轮船

就是这种木板船的象形。甲骨文“舟”就是小船的意思。

3. 了解各种船

独木舟：用一根木头挖成的小舟，需要借助桨划动前行。

竹排：南方地区民间仍有这种竹排，竹子做成，不能乘坐太多人。

图 6－18　竹排

帆船：起风时，扬帆前进；风停时，收下船帆，缓慢航行。

图 6－19　帆船

气垫船：用空气的支撑力升离水面的船，用于旅游、客运、商业、救援、军事。

客轮：有高大的船舱，像一座水面上的大楼房，可以载人游玩。

远洋货轮：肚子里藏了许多货物，用来帮助人们从海上运输货物。

潜水艇：能潜入水底，多用于军事方面。

三、动手操作

1. 操作记录

师：你们知道盘子里的东西放入水缸后会发生什么现象吗？请你把观察到的结果用↑↓的符号记在记录表上（↑表示上浮、↓表示下沉）。

2. 分析总结

师：为什么有瓶子是浮在水面上、有的瓶子沉到水下？

小结：空瓶子盖上盖会浮在水面上，因为它轻；盛满水的瓶子盖上盖就沉到水下，因为它重。

3. 分享交流

师：谁能想办法让沉下去的东西浮起来？

四、自然结束

小结：能在水面上停留而不沉下去的物品都是面积比较大、稍微轻一些的，或内部有空气的物品，这样的物品下面有很多水的力量托着物品，这种力量叫做“浮力”，船就是依靠浮力浮在水面上的。

【活动延伸】

美工区：投放纸船折纸步骤图、手工纸，幼儿根据示例图画制作纸船，并在作品上描画舟的甲骨文字。

语言区：幼儿制作甲骨文展示墙，进行看一看、摸一摸、说一说的活动；设计创作并讲述我的《甲骨文》大书。

益智区：在硬纸板上画出甲骨文字（舟），贴在若干块积木上，制成甲骨文拼图。

建构区：用积木或其他材料搭出甲骨文字“舟”以及各种船的造型。

科学区：投放积木、纸杯、泡沫、石头、水盆等各种材料若干，让幼儿进行浮力实验。

表 6-9　家庭亲子活动

活动目标	活动准备	活动内容	注意事项
1. 通过亲子共同制作纸船，提高幼儿动手操作能力 2. 帮助幼儿认识到现代科技的日新月异，从而树立从小爱科学、探索科学的精神	1. 手工纸、折纸示意图 2. 折好的船一只 3. 各类船行驶的视频	1. 家长与幼儿一起叠纸船 制作方法：拿出一张 A4 纸，先长边对折，再左右对折后展开。把对折边的两个角向中间折。逆时针水平旋转 90 度，把两个底边分别在正反面向上折，压平。从底部撑开折纸模型，压平，得到一个小正方形。把开口的一个角向上折，和顶角重合。翻过来，再把另一个开口的角向上折，同样和顶角重合，从底部撑开，压平。最后抓住两个角，慢慢拉开，纸船折纸完成 2. 叠好之后，把纸船放入水池中，用吹气、扇子扇等方法比赛谁的纸船游得快 3. 结合视频，家长与幼儿一起探讨船为什么会行进	家长要注意在进行纸船速度比赛时，向幼儿讲解纸船依靠风力行进的原理

第三节 空间方位

任何事物都存在于一定的空间之中，并且同周围的其他物体存在着空间上的相互位置关系。幼儿在对空间方位理解的过程中，经常对上下左右认识模糊。本节中让幼儿以自己的亲身体验，通过轻松的游戏活动，将抽象的概念具体化、形象化，学习区分上、下、左、右，发现并理解以自我为中心和以客体为中心的左、右的差别。

上 上 下 下

主要目标领域：科学　　辅助目标领域：语言

【建议目标】

小班

（1）知道上、下。

（2）初步感知甲骨文字 （上）、（下）。

中班

（1）理解上、下的相对关系。

（2）了解甲骨文字 （上）、（下）。

（3）提升观察能力和对空间方位的感知能力。

大班

（1）区分以自我为中心和以客体为中心的上、下。

（2）知道甲骨文字 （上）、（下）的特点。

（3）通过观察、比较和体验，分辨人和物的运动方向及距离。

【活动准备】

（1）森林场景：大树、树叶、房子、草地、花朵、蘑菇、老鼠、椅子等。

（2）现代字“上、下”和甲骨文字 、。

（3）猫妈妈头饰一个，小猫头饰若干。

（4）一幅森林背景图，小动物图片。

【活动过程】

一、 在游戏中感知上下

师：今天猫妈妈要带着小猫一起做运动。

1. 师幼听音乐做运动

猫妈妈带领小猫跟音乐做运动，例如：向上拍拍手，向下拍拍手。

2. 引导幼儿说出方位词

师：小猫们，我们的小手都在什么地方拍一拍了呢？

二、 出示图片

1. 正确说出方位词

教师出示图片，幼儿观察表述某某在某某的上面、下面。

2. 感受古人造字的智慧

师：小猫们猜猜看这是什么字？

甲骨文字 ⌣（上）表示"天"，上边的横线写得较短，表示天或朝天的方向；甲骨文 ⌢（下）表示"地"，下边的横线写得较短，表示地或朝地的方向。

图 6－20　上上下下(1)

三、 对比体验

将现代字"上、下"与甲骨文字 ⌣ 、⌢ 对比，让孩子们进行认识，体验造字的智慧。

四、 语言游戏

1. 送小动物

幼儿自由选择动物图片，送小动物到相应方位。

2. 看图讲述

幼儿用语言表述动物的上、下方位。例如：小兔子在大树下面。

图 6－21　上上下下(2)

图 6－22　上上下下(3)

五、方位游戏

幼儿在布置好的场景中捉老鼠，并说说在哪里捉到老鼠（在……上面，在……下面）。

【活动延伸】

美工区：提供甲骨文字描摹纸，将上、下虚线变成实线。

语言区：欣赏甲骨文字（上）、（下），认一认、读一读。

益智区：以拼图的形式拼出甲骨文文字（上）、（下）。

表 6－10　家庭亲子活动

活动目标	活动准备	活动内容	注意事项
1. 在活动中让幼儿了解认识甲骨文字（上）、（下） 2. 增进亲子之间的情感，感受共同游戏的快乐	准备甲骨文字卡	游戏：小手拍拍 家长和幼儿一起玩“小手拍拍”的游戏，家长先做发出指令者，说到“上”幼儿就在上面拍拍手，说到“下”幼儿就在下面拍怕手 家长说口令三遍后，当幼儿熟悉了游戏规则，也可以让幼儿尝试发出口令，家长根据幼儿的口令做出相应的动作，在上下方位拍手 游戏进行过一段时间后也可以说出数量，如在上面拍手三下，则必须在要求的方位拍出规定的数量。家长和幼儿也可以轮流交换角色进行游戏	1. 家庭成员在活动中要给予幼儿适当的鼓励，引导幼儿感知“上下” 2. 在活动中不仅让幼儿知道“上下”，更能体验游戏带来的快乐

左左右右

主要目标领域：科学　　辅助目标领域：语言

【建议目标】

小班

（1）初步感知左、右。

（2）初步感知甲骨文字（左）、（右）。

中班

（1）初步学会以自身为中心区分左、右。

（2）感知甲骨文字（左）、（右）。

（3）在体验游戏快乐的同时能正确使用方位词。

大班

(1) 尝试区分以自我为中心和以客体为中心的左、右。
(2) 知道甲骨文字𠂇(左)、又(右)的特点。
(3) 发展空间方位知觉和判断力。

【活动准备】

(1) PPT 课件。
(2) 现代汉字和甲骨文字𠂇(左)、又(右)。
(3) 富有动感的音乐。

【活动过程】

一、谈话导入

师:小朋友们,请你伸出右手来,我们常常用右手做哪些事?再举起你的左手,我们的左手可以做什么事情?

二、体验自身的左与右

1. 找出身体的左、右的相关部位

师:在我们的身上还有很多像左手和右手一样的好朋友,请你找出这些一左一右的好朋友。

2. 区分左右

教师发出指令,幼儿做相应的动作。例如:举起你的右手,摸摸你的左肩膀,碰碰你的左耳朵。

三、感受古人造字的智慧

依次出现甲骨文字𠂇(左)、又(右),让小朋友们猜这是什么字。

𠂇(左)甲骨文为象形字,字形与又(右)相反,像一只手伸向右边,表示"左手",即面朝南方时身体东边一侧的那只手。左、右两手的某些动作表示呼求、祷告,从原有的方位名词又演变出了相关的动词含义。

四、对比文字

将现代字左右与甲骨文字𠂇(左)、又(右)比较,让孩子们进行认识,体验造字的智慧。

五、文字游戏

播放动感音乐,教师喊指令,让幼儿进行跳格子的游戏。

【活动延伸】

美工区：用模板拓印甲骨文字𠂇（左）、又（右）。

语言区：欣赏甲骨文字𠂇（左）、又（右），认一认、读一读。

益智区：以拼图的形式拼出甲骨文字体𠂇（左）、又（右）。

表 6－11　家庭亲子活动

活动目标	活动准备	活动内容	注意事项
1. 在活动中巩固对甲骨文𠂇（左）、又（右）的认识 2. 体验亲子游戏的乐趣，增强亲子关系	甲骨文字𠂇（左）、又（右）的字卡各三张	1. 家长和孩子将六张字卡放在桌子上，随意打乱摆放 2. 当口令响起时，让幼儿闭上眼睛，家长迅速抽走其中一张字卡，可以是左也可以是右，口令再次响起时，幼儿睁开眼睛，说出少了哪一张字卡，回答正确交换角色，回答错误继续猜测 3. 游戏可重复进行	邀请家庭其他成员参与游戏，也可以同时抽走 2 张或 3 张字卡增强游戏的趣味性

图书在版编目(CIP)数据

好玩的甲骨文/张红霞主编. —上海: 复旦大学出版社, 2019.5 (2021.6 重印)
(幼儿园"活教育"课程丛书/周念丽总主编)
ISBN 978-7-309-14011-8

Ⅰ. ①好… Ⅱ. ①张… Ⅲ. ①识字课-学前教育-教学参考资料 Ⅳ. ①G613.2

中国版本图书馆 CIP 数据核字(2018)第 241614 号

好玩的甲骨文
张红霞 主编
责任编辑/赵连光

复旦大学出版社有限公司出版发行
上海市国权路 579 号 邮编: 200433
网址: fupnet@fudanpress.com http://www.fudanpress.com
门市零售: 86-21-65102580 团体订购: 86-21-65104505
出版部电话: 86-21-65642845
上海丽佳制版印刷有限公司

开本 787×1092 1/16 印张 12 字数 277 千
2021 年 6 月第 1 版第 2 次印刷

ISBN 978-7-309-14011-8/G·1917
定价: 45.00 元